UNA LLAM

LAS PROFUNDIDAI

Danilo Bussa

Traducciòn

Marina Lafuente Salgado

PREFACIO

Esta historia es una colección de experiencias y observaciones personales.

El título puede ser engañoso, pero no se deje engañar. Este no es un libro de autoayuda, ni pretende serlo. Es una historia completamente nueva sobre un joven perdido en un lugar desconocido que, poco a poco, descubre sus secretos y misterios.

Probablemente cada uno de nosotros puede sentirse conectado con el protagonista y sus descubrimientos. Como él, todos nos encontramos rodeados de oscuridad en algún momento de nuestras vidas.

Espero que este viaje sea agradable para la mayoría y que el texto no sea difícil ni aburrido. Feliz lectura y gracias por considerar esta historia. Saludos.

Danilo Bussa.

ÍNDICE

PROLOGO

-La Nada-

Había una extraña paz en el ambiente, no podía
explicarlo pero era como si me hubiera sumido en una
increíble calma interior. No tenía miedo, aunque en el
fondo sabía que debía tenerlo, después de todo, el lugar
en el que me encontraba era totalmente desconocido
para mí y la oscuridad cubría por completo todo el
espacio que me rodeaba.

"¡¿Hola?! ¿Hay alguien aquí?"

Grité esta frase con apatía durante mucho tiempo, no
porque me interesara realmente la improbable
presencia de alguien, sino casi como un reflejo
instintivo, una necesidad primordial de seguridad que
sólo podía manifestarse con la presencia de algo
familiar como otro ser humano.

Sin embargo, a pesar de los numerosos intentos, no
recibí ninguna respuesta. Ya estaba dispuesto a
dejarme llevar por la tranquilidad de aquel lugar
cuando, desde un punto indeterminado en la distancia,
oí una voz totalmente incomprensible.

"¡Xxixx! xuxdxx xxcxxxaxxe?"

"¿Quién eres? ¡No entiendo lo que dices!" Respondí
con una euforia recuperada.

"¡xx xx xixax!"

Seguía sin entender, pero en mi interior se desató algo extraño, una energía que parecía haberse perdido en las profundidades de esa misma tranquilidad que ahora era lo único que me interesaba. Con renovados bríos me levanté del suelo donde me había refugiado y comencé a moverme en busca de algo que me llevara de nuevo a esa llamada, caminé mucho, hasta que mi mano derecha me empujó contra lo que parecía ser una pared, no la controlaba, al menos no conscientemente, pero parecía saber lo que hacía. Con una energía casi insospechada, la mano me lanzó hacia una columna de aquel muro y pulsó lo que parecía ser un interruptor, no podía estar seguro, al fin y al cabo era imposible ver nada en aquella gran oscuridad, pero mis dudas se borraron en aquellos momentos siguientes.

"¡Luz!" Grité tan fuerte que si había alguien alrededor no pudo ignorarme.

De repente, al igual que al principio me sentí extrañamente tranquilo, ahora me sentí revitalizado de nuevo, la apatía que antes había sido la única sensación que se manifestaba en mí, ahora había desaparecido por completo, casi podía atreverme a decir que volvía a ser yo mismo, sin embargo, sabía que no era del todo cierto, algo en lo más profundo de mi ser aún no estaba completamente en orden. Este pensamiento me trajo el recuerdo de aquellas incomprensibles frases de unos momentos antes, fue a partir de ahí cuando decidí volver a empezar, tenía que averiguar quién o qué era y entender qué quería de mí.

"¡Oye tú! ¿Puedes oírme? ¡Contesta si puedes!" Grité con toda la fuerza que podía reunir mi voz.

Ninguna respuesta, no es que la esperara realmente, al fin y al cabo no podía ser tan fácil obtener respuestas en un lugar tan misterioso... ¿qué era éste exactamente? ¿dónde estaba y por qué no percibía ninguna emoción negativa al principio? en ese momento conecté mi mente, aún perdida en el mar de mis pensamientos eufóricos, con lo que mis ojos realmente mostraban...

"¡Nada!" Murmuré débilmente.

Una sola palabra, tan aterradora en ese breve instante pero nunca tan real, y he aquí que, con la misma rapidez con que llegó, la euforia desapareció, sustituida por un terror puro y espantoso.

"No es real, no puede ser real" Pensé tratando de dar sentido a esta realidad.

"Esto no tiene ninguna lógica, definitivamente estoy soñando, no puede ser de otra manera". Dije después en tono histérico y con poca convicción. Empecé a pegarme la cara continuamente, esperando que ese gesto pudiera despertarme de lo que para mí era ahora claramente una auténtica pesadilla. No funcionó, sólo me causó una ligera desorientación mental y nada más, lo que ya era extraño, teniendo en cuenta la vehemencia y la fuerza de mis golpes.

El pánico se iba instalando poco a poco y eso me hacía sentirme como nunca. Al fin y al cabo, eso es lo que más me podía describir, el miedo, el pánico, la incapacidad de reaccionar ante situaciones que no podía entender ni controlar.

Este pensamiento hizo hundirme de nuevo en la consabida desesperación, un sentimiento que me era demasiado familiar, fiel reflejo de mi vida... Fue en ese momento cuando me dejé caer al suelo.

Una explosión a gran distancia, seguida casi inmediatamente de fuertes temblores sísmicos llamó mi atención. No pareció preocuparme realmente, a estas alturas ya me había hundido de nuevo en la tristeza, sin embargo el siguiente acontecimiento despertó en mí un renovado deseo de reaccionar... ¡La luz! Los continuos temblores sísmicos, aunque imperceptibles, estaban causando daños. La luz, que en estos últimos momentos era para mí de enorme consuelo estaba desapareciendo lentamente. Esa "Nada" que me rodeaba iba a ser de nuevo inundada por la oscuridad.

"¡No, no, no! ¡Para!" Dije con voz desesperada.

"El interruptor, ¿Dónde está?"

La oscuridad, que llenaba la habitación con una fuerza inexorable, parecía haberse detenido, pero seguía ahí, esperando, y no podía dejarla. No encontré ningún rastro de ese interruptor, ni siquiera en la pared donde lo encontré.

"¿Cómo es posible, y sin embargo estaba aquí?" Pensé con enorme confusión.

Era inútil cuántas energías mentales podía emplear en darme una explicación, en esta "Nada" no hay rastro de paredes o interruptores, sólo el vacío infinito y desolado.

Sin embargo, no estaba dispuesto a rendirme, la idea de volver a esa temida oscuridad era mucho más aterradora que la incapacidad de explicar dónde estaba realmente. ¡No lo permitiría!

Después de esa convicción, ¡La luz reapareció! Sin interruptor, sin necesidad, todo se resolvió solo, casi como si mi nueva fuerza mental hubiera espantado esa oscuridad que antes parecía imparable e incapaz de sentir piedad.

Frente a mí, la "Nada" que representaba para mí el único consuelo en aquella realidad en la que me encontraba, se reabrió visiblemente. Esta vez no estaba dispuesto a ceder ante la temida desesperación, estaba decidido a combatirla y oponerme a ella en la medida de lo posible, nunca más habría permitido que se apoderara de mí, ahora estaba dispuesto a hacer cualquier cosa para evitar el futuro de una nueva fuerza oscura mucho peor.

"Ahora para continuar, voy a averiguar qué secretos guarda este lugar".

Lo dije con verdadera convicción, aunque esta "Nada" parecía tener muy pocos secretos guardados... Sin embargo, como siempre en otras situaciones de este tipo, había mucho más que la mera apariencia esperándome en aquel lugar de luz infinita. Pensando en eso, recuperé toda la fuerza mental y física posible que me quedaba y me preparé para el largo viaje que me esperaba.

CAPÍTULO I

-El Guardian-

Hacía ya mucho tiempo que caminaba por aquellos pasillos vacíos, en realidad hablar en términos de "tiempo" era muy poco realista, al fin y al cabo, realmente existía en aquellos espacios infinitos? Ciertamente no podía asegurarme sin tener ningún reloj a mano, lo cierto es que la única certeza era que mi cuerpo no parecía sufrir de tanto caminar.¿Cómo era posible? Por supuesto, siempre me ha gustado caminar, especialmente en hermosas zonas montañosas alejadas de todo y de todos, sin embargo, incluso en esos lugares remotos, tarde o temprano me abrumaba la fatiga física... Pero aquí no, era como si este lugar, una vez más, quisiera mostrarme que todas mis certezas y conocimientos eran aquí totalmente insignificantes. Sin embargo, todo esto no tenía importancia, en todo este camino recorrido, el paisaje seguía siendo el mismo que dejé atrás cuando decidí, con gran convicción descubrir los secretos que se escondían en esta "Nada" que cada vez me cerraba más la puerta.

"¿Alguien puede oírme?" Grité con poca convicción, y no recuerdo cuántas veces repetí esta llamada durante mi viaje. Por supuesto, nadie respondió, me habría conformado con recibir el rugido de un animal salvaje dispuesto a destrozarme, tan desesperado estaba por conocer una forma de vida. Mis piernas seguían su camino con inercia, sin el menor deseo de continuar por un camino que parecía bastante inútil y sin un destino cierto... Entonces intenté desviar mi mente de tales pensamientos y finalmente cerré los ojos. Al hacerlo me imaginé que estaba en aquellos bosques de montaña que me encantaba explorar... ¡Qué maravilla! El sol, ya cercano al ocaso, desprendía su habitual luz rojiza que llenaba de tanto esplendor aquellos paisajes ya de por sí increíbles. No había ningún sonido molesto, sólo el dulcísimo reclamo de los pájaros en la lejanía y el tintineo cada vez más fuerte de los grillos que entendían que su momento de cantar estaba a punto de llegar.... Y el aire... ¿Cómo podía ser tan puro y delicado al acariciar mi rostro? Casi me pareció respirarlo en ese breve momento. Estaba tan abrazado por esa imagen que abrumaba mi mente y me alejaba de las preocupaciones de esa maldita "Nada" que olvidé que seguía caminando.

"¡Xaxxce Exxxbxe!" Esos sonidos ininteligibles vibraron en el aire circundante. Fueron las voces que escuché al principio de todo.

"¡Estoy aquí! ¡Ayúdenme! ¿Pueden oírme?" Exclamé con los párpados aún cerrados y perdido en esa ensoñación que acababa de tener. Este gesto me devolvió a la sombría realidad de la que intentaba escapar, pero algo cambió, la luz seguía siendo soberana pero frente a mí apareció lo que a mis ojos era una puerta de luz pura. Era maravillosa, brillaba tanto que el propio brillo de esa "Nada" en comparación era casi imperceptible. La observé intensamente durante lo que describiría como muchos minutos, tal brillo era casi cegador y parecía tener un poder hipnótico sobre mí, claramente me estaba llamando hacia ella y yo estaba listo para aceptar su dulce abrazo... sin siquiera pensarlo demasiado, crucé esa luz. Ningún indicio de miedo cruzó mi rostro.

No recuerdo lo que pasó después de atravesar esa puerta brillante, pero cuando por fin abrí los ojos, les costó absorber la luz y enfocar una imagen precisa, cuando eso ocurrió, se abrió ante mí un escenario diferente al que ahora estaba acostumbrado. Este era muy parecido a esa "Nada", sin embargo mostraba diferencias increíbles! Definitivamente me encontraba en un lugar de luz infinita y de límites imperceptibles, pero a lo lejos pude ver claramente lo que parecía ser una cascada que descendía de una montaña y descansaba en un lago que había debajo... era increíble, después de todo ese incesante caminar, ¡Por fin parecía haber llegado una recompensa! Estaba eufórico, esta nueva emociòn me impulsò a encaminarme hacìa esa lejana escena.

"¡Para!" Dijo una voz detrás de mí. Me giré con una rapidez casi protectora pero al mismo tiempo con gran sorpresa, lo que apareció ante mis ojos fue una figura encapuchada, el rostro era totalmente inescrutable y estaba oculto por lo que parecía ser un larguísimo abrigo blanco.

"¿Quién...q..quién...va allí?" Pregunté con enorme inseguridad y miedo.

"¿Quién soy? ¡Nunca me he hecho una pregunta así!" "¿Quién crees que soy? O más bien, ¿A quién esperabas encontrar?", Dijo con una voz que desprendía gran confianza y benevolencia.

"¿Eres por casualidad la voz que he estado intentando localizar todo este tiempo?", Pregunté esperanzado.

"Lo siento, pero no sé de qué me hablas. La voz que buscas tan desesperadamente no soy yo..." Esa respuesta no me causó un asombro exagerado, de hecho estaba tan feliz de haber encontrado la compañía de otro ser vivo que todo lo demás era totalmente superfluo.

"Si no eres quien busco, ¿Podrías al menos decirme con quién estoy hablando?"

"Yo aquí querido amigo, sólo existo para mantener el frágil equilibrio de este lugar, como ya te he dicho, nunca he considerado necesario saber quién soy o por qué pero si realmente crees necesario darme un nombre. Puedes llamarme Guardián".

Su respuesta creó en mi mente más dudas que certezas, ¿Quién era realmente este hombre? ¿Por qué responder a una pregunta tan sencilla de forma tan ambigua? ¿Me estaba poniendo a prueba? No importaba, más preguntas sólo habrían creado más dudas. Tal vez era mejor no saber o tal vez aún no era el momento de conocer la verdad. Ciertamente pensar en ello era inútil.

"¿Qué buscas exactamente en este lugar abandonado?", Preguntó el Guardián con un tono de auténtica curiosidad.

Pasé los siguientes momentos contándole mi historia, cómo me desperté perdido en la oscuridad, cuando, gracias al sonido de una voz en la distancia logré ahuyentarla, y por supuesto cómo atravesé después la puerta que me trajo aquí.

No pude percibir las emociones de aquel ser con aquella capucha que ocultaba hasta el más mínimo rastro de su rostro, pero lo cierto es que no parecía nada sorprendido por lo aparentemente absurdo de mi relato.

"Muy interesante, así que fue tu voluntad la que te trajo aquí... Repito entonces, ¿Qué es lo que realmente buscas?"

"La salida", Respondí, "¡Estoy buscando una forma de salir de aquí!"

"¿La salida dices? Lo siento, en esto es imposible que te ayude porque no sabría dónde está" Esa respuesta suya fue devastadora para mí, por un leve momento me imaginé atrapado en ese lugar desconocido para siempre y eso hizo que me rodearan al instante pensamientos devastadores.

"No desesperes, si bien es cierto que desconozco la salida que tan arduamente deseas alcanzar, esto no significa que no exista. Verás, así como encontraste la puerta que te trajo hasta aquí, debes encontrar la que te permita escapar".

Las palabras del guardián llegaron en el momento perfecto y evitaron que me concentrara demasiado en el miedo, permitiéndome reaccionar.

"Y puedo llevarte a una zona que podría darte la ayuda que buscas", Continuó.

"¡Claro! Por favor, llévame allí", Respondí, abandonando totalmente los temores de antes.

"Muy bien, tu convicción es el primer paso importante y puedo ver que la tuya es real. Pero que sepas que esto no será suficiente en el camino por delante".

"¿Qué quieres decir Guardián?"

"Lo descubrirás... Sólo que no apresures los acontencimientos mi querido amigo. Recuerda que, después de todo, hasta una simple oruga necesita tiempo para convertirse en una hermosa mariposa y emprender el vuelo. Es el único consejo que puedo darte". De nuevo una respuesta ambigua y aunque me asaltaron ligeras dudas las deseché con facilidad... Esta vez estaba realmente convencido de querer continuar.

"Bien Guardián, me siento preparado, vamos".

"¡Perfecto! Sígueme entonces, ¿Recuerdas la cascada que observaste con gran curiosidad cuando llegaste? Bueno, tu nuevo camino te espera allí. Déjame escoltarte".

-La montaña del nacimiento-

En mi mente en ese momento se cruzaron muchos pensamientos diferentes, ¿Qué esperaba encontrar? ¿Qué quería decir realmente el Guardián al decirme esa frase ambigua? ¿Habría encontrado lo que busco? ¿Existe realmente una salida de esta "Nada" aún llena de secretos que se me ocultan? Muchas preguntas, quizás demasiadas y absolutamente ninguna respuesta. Estaba tan inmerso en las ondas arremolinadas de mis pensamientos que casi no noté esa mano que me llamaba a parar.

"¡Aquí estamos, mi querido amigo, la montaña del nacimiento!"

"¡Vaya... qué maravilla! ¡Me he quedado sin palabras!", Exclamé, como un niño al ver algo nuevo por primera vez.

Durante mi vida he tenido la gran fortuna de haber podido explorar muchas montañas diferentes, ¡pero ninguna fue nunca comparable a la majestuosidad que se alzaba ante mí en ese momento! La montaña era enorme y dominaba el paisaje con una belleza casi arrogante. La cascada, que en la distancia apenas se veía, aquí era todo menos de fondo. Era muy alta, nada menos que cien metros y con un poderoso caudal de agua constante... Todo terminaba en un lago de un azul tan puro que ni el artista más cualificado del mundo podría reproducirlo. Estaba tan asombrado por esta visión electrizante que casi olvidé que todo esto estaba en esa "Nada" que aquí ya no daba miedo.

"Montaña del Nacimiento... Un nombre decididamente peculiar, ¿Cuál es su significado Guardián?", Pregunté en voz baja.

"Deja que te lo enseñe" Respondió acercando su mano a mi cara. Al instante siguiente, nos encontramos en la cima de aquel majestuoso pico. Me sorprendió pero no me asombró en absoluto. El ser al que llamaba Guardián era todo menos comprensible para una mente limitada como la mía, sin embargo cada gesto que hacía me parecía tan familiar y cálido como el abrazo de una madre a su hijo recién nacido. Esta nueva perspectiva era realmente increíble, aquí la cascada emanaba un ruido continuo, tan fuerte que casi impedía escuchar más sonidos. Sin embargo nunca me pareció insoportable, al contrario, era absolutamente relajante y muy hipnótico.

"¡Guardián! Sigues sorprendiéndome con paisajes de rara belleza, a pesar de que entiendo que debe haber una razón para que me hayas traìdo hasta aquí", Pregunté, mientras intentaba alejarme de la fuerza hipnótica de aquella cascada.

"Observa... Esta montaña es la creación de la que me siento más orgulloso. Ya ves mi querido amigo, este pico representa una visión fácilmente comprensible del origen, del nacimiento en realidad... Esto no es otra cosa que la fuente de la que nace el agua que llena el lago de abajo. Puede parecer una observación banal sí, y sin embargo este líquido, al ramificarse, da vitalidad a todo lo que toca! "

"Pero no sólo eso...", Continuó, dirigiendo su mirada hacia mí y acercándose cada vez más.

"Has decidido continuar un viaje, pero para continuar debes revivir el principio... ¡Debes renacer!" No tuve tiempo de responder, con un gesto tan rápido que pareció instantáneo, el Guardián me empujó por el corto borde que me separaba del vacío de la cascada. Lo único que percibí fue la fuerza del agua que inevitablemente me arrastró, absorbiéndome por completo. Luchar era inútil, ¿Cómo podía el agua, un elemento tan incorpóreo, tener una fuerza tan poderosa?

La caída parecía interminable, pero el terror que se formaba en mi interior parecía capaz de superar tal ilimitación. La suerte pareció sonreírme de nuevo porque, antes de que el pánico se apoderara de todo mi ser, sentí el ansiado contacto con la superficie del lago... Un alivio inconmensurable me invadió. No sentí ningún tipo de dolor, de nuevo extrañado, teniendo en cuenta la gran altura de mi caída. Sin embargo la única sensación que me abrazaba era la seguridad.¡Sí, en ese lago me sentía seguro, protegido! El agua me defendía, me acunaba y me mantenía a salvo. No estaba dispuesto a llegar a un acuerdo con nada ni con nadie, nunca dejaría atrás este sentimiento tan deseado, o eso pensaba instintivamente.

"Hay tanta paz aquí dentro... ¿Cómo podría querer otra cosa?" Pensé, mientras lentamente el peso de mi cuerpo me arrastraba más y más adentro. De repente, me vi envuelto en la mirada de esa tenue luz de la superficie que débilmente pero con gran convicción intentaba sobrevivir.

"¿Por qué sigues luchando, lucecita?", Pensé, imaginando las dificultades que estaba teniendo para tratar de mantenerse con vida en aquel abismo totalmente inhóspito en el que ahora yo yacía impasible. En un momento, un instante imperceptible, recordé mi verdadero objetivo. Era de la oscuridad de la que intentaba escapar, ¿Cómo podía permitirme dejarme abrazar por ella?

Contraje todos los músculos de mi cuerpo y con un impulso casi anfibio, me alejé con decisión de aquel oscuro abismo de falsa seguridad y alcancé la luz en la distancia. A medida que me acercaba, brillaba más y más, hasta que casi pude tocarla con la punta de los dedos. Al instante siguiente, sin gran dificultad, volví por fin a saborear la superficie. Me sentí extrañamente agotado, por primera vez desde que me encontré inmerso en la "Nada" me invadió una sensación similar al cansancio físico y fue tan debilitante que casi sentí que tenía que llorar para desahogarme. No tuve tiempo, mientras me distraía con los pensamientos, detrás de mí, una enorme ola, con una furia implacable me arrasó.

CAPÍTULO II

-Recuperación-

"Xolxo xexe rxxaxxo! cxxtixux x lxtxarxe!" Aquella llamada lejana sonó en mis oídos como un despertador de madrugada y no tardé en reconocerla.... Era esa voz! Todavía presente en este lugar y esta vez menos incomprensible que de costumbre. "¡¡¡Oye tú!!! ¡¡Suenas cerca!!!" Grité, como un reflejo natural ante esa voz aún misteriosa, sin embargo, aunque podía escucharla con mayor claridad, no recibí respuesta. El momento fue corto, como siempre, esa voz desapareció tan rápido como se me presentó. No intenté ninguna otra llamada, sabía que habría sido un desperdicio de energía, pero en su lugar aproveché la oportunidad de la renovada soledad para observar el paisaje que aparecía ante mis ojos.

No podía estar seguro de la distancia que había recorrido cabalgando aquella poderosa ola, para ser sincero, el último momento que recordaba era la fuerza con la que me hizo aterrizar y nada más, sin embargo, lo que se presentaba ante mí era un lugar completamente diferente. Estaba en lo que parecía ser una playa, sin embargo, detrás de mí no había rastro del lago que produjo la ola que me hizo viajar hasta aquí.... de hecho ni siquiera el agua se dignó a mostrarse...

Estaba en efecto en una playa fantasma rodeada de nuevo por esa "Nada" que esperaba fuera ahora un recuerdo perdido en el tiempo como una pesadilla olvidada a la primera luz del despertar. Las malas noticias no parecían terminar ahí, más allá de esa playa donde descansaba plácidamente. El paisaje no era diferente, un vacío lúgubre e interminable que parecía una prisión...

"¿De qué servía todo esto si me devolvía al punto de partida?", Pensé "¡Tanto esfuerzo para tan poco desarrollo!" Continué con esos desvaríos mentales durante mucho tiempo, probablemente podría haberme eternizado. Como siempre, refugiándome en el flujo continuo de pensamientos con la esperanza de encontrar la respuesta necesaria para hacerme tomar el control de la situación y estimularme a actuar. Esta vez, sin embargo, para mi sorpresa, el resultado fue bastante diferente de lo normal, un recuerdo en particular me abrió los ojos de nuevo, era una frase del Guardian...

"Has decidido continuar un camino, pero para continuar debes revivir el principio... ¡Debes renacer!" Esa frase se me repitió con incesante constancia y sólo al final comprendí.

"¡Claro que sí!" Pensé, vinculando instantáneamente ese recuerdo a mi pensamiento lógico. Tenía que nacer de nuevo, empezar de cero para entender cómo había llegado a ese mismo lugar del que intenté escapar todo este tiempo. ¡Era una prueba, una nueva etapa en el camino hacìa la verdad! Con una confianza renovada me levanté y me detuve a observar con extremo respeto el vacío infinito que me rodeaba, al final de ese ritual, volví a caminar.

El objetivo que tenía ante mí estaba casi claro, pero la curiosidad pesaba en mí más que las dudas e incertidumbres que normalmente habrían envuelto todo mi ser. Pensé en esa voz que, junto con la "Nada", era la única constante en mi camino.

"¿Quién puede ser y, sobre todo, cómo es que parece manifestarse continuamente en los momentos más oportunos?" Y, en efecto, había verdad en ese pensamiento, esa voz, a la que yo mismo aún no habría sabido dar una identidad precisa, se revelaba siempre cuando estaba dispuesto a abandonarme a mí mismo.

No pude pensar demasiado tiempo en esta duda que enajenaba mi mente, no porque se perdiera el interés, sino porque apareció ante mí otro hecho inexplicable. A mis pies, en aquel suelo vacío con sus simples detalles, de la nada, en un destello de luz, apareció lo que podría describir con seguridad como un mando a distancia con una nota en el lado derecho. Cogí el instrumento electrónico con extrema delicadeza y con increíble cuidado la nota cerca de él. Observé detenidamente los detalles del mando a distancia, era de color negro y aunque lo revisé una y otra vez, no encontré rastro de un compartimento dedicado a las pilas o similar. Lo que realmente me llamó la atención, sin embargo, fue la presencia de sólo dos botones "play" y "off". Esto último creó en lo más profundo de mi ser una sensación fácilmente asociada al miedo. Era de un color rojo sangre, con la escritura dibujada de tal manera que formaba una calavera. Lo inquietante era, sin embargo, que parecía emanar una llamada, un impulso a ser pulsado. Afortunadamente, la existencia de la nota que guardaba a buen recaudo en mi mano me permitió alejarme de ese impulso. Esta era fácil de describir, era un simple trozo de papel blanco con frases escritas en increíble grafía estética. Luego leí en voz alta:

"Desde el nacimiento, la vida se le presenta al recién nacido con traumas,

el llanto se manifiesta como la principal llamada de auxilio

a un mundo nuevo y desconocido,

con tal sentimiento se nos presenta una realidad a veces trágica,

la lucha contra el tiempo se convierte en una constante, y esta última...

nos arrastra hacia adelante pretendiendo estar preparados para todo, y

para aceptar incondicionalmente los acontecimientos que se avecinan,

Por desgracia, no todo el mundo tiene la resistencia y

la fuerza necesaria para la aceptación y muchos corren a esconderse

refugiándose en un pasado melancólico

con la esperanza de escapar de las garras de la vida,

pero este refugio es superficial y a veces se desmorona.

envolviéndonos en una estela de negatividad contraproducente..."

El texto terminaba bruscamente, se veía perfectamente en los márgenes la falta de un trozo de papel roto, así que giré la nota con la esperanza de encontrar texto adicional, y allí encontré, con una letra totalmente diferente, unas extrañas instrucciones que decían lo siguiente:

"El nacimiento es completo. Ahora el control remoto de la vida está en tus manos, puedes abandonar o continuar el viaje, la elección es sólo tuya..." Una vez más me di cuenta de que me enfrentaba a una prueba de voluntad, abandonar o continuar, como si no hubiera tomado ya una decisión al respecto. Por supuesto, sabía perfectamente que quería continuar, así que pulsé con firmeza el botón "play" del mando a distancia que en ese momento reposaba en mi mano derecha.

"Nada... Absolutamente nada..." Pensaba sin cesar al notar la total ausencia de cualquier tipo de cambio. "No me dio tiempo a terminar la frase cuando apareció ante mí, de la nada, lo que parecía un electrodoméstico absolutamente familiar... ¡Un televisor!

Me acerqué instintivamente para confirmar mi hipótesis anterior. Definitivamente era un televisor antiguo, me hubiera aventurado a decir que era uno de los primeros modelos que existieron, muy grande y todo menos ergonómico. Sin embargo tenía un estilo rústico tan atractivo y fascinante que era imposible no quedar encantado con él. El mando a distancia en mi mano comenzó a reproducir una vibración cada vez más intensa y constante al acercarme a aquel antiguo objeto. Decidí volver a intentarlo y pulsé de nuevo el botón, esta vez no fue necesario quejarse. Al instante, desde la pantalla del televisor se produjo una imagen de colores increíbles, eran niños en un paisaje montañoso desconocido pero a la vez extrañamente familiar. La imagen era sin embargo muy granulada en los rostros por lo que me acerqué en un intento de mejorar la calidad pero al principio del contacto con la pantalla, fui lentamente absorbido por ella. No tuve tiempo de expresar ningún tipo de emoción, tan rápido fue ese momento. Cuando recuperé una visión clara pude ver que estaba literalmente absorbido por el paisaje de colinas que la televisión me estaba mostrando antes.

- El niño solitario-

El espectáculo que apareció frente a mí era diferente a como aparecía en aquella pantalla tan anticuada. Me encontré en una zona de colinas, pero esto era sólo la superficie de una imagen mucho más grande.

Sólo tras una observación más aguda pude captar todos los detalles que antes estaban ocultos. Me encontraba en un parque alejado de la ruidosa civilización, estaba rodeado de llamativos cerezos en flor y los pétalos creaban un espectáculo majestuoso. En el suelo los mismos se distribuían para crear un suave manto natural de aparente confort relajante. Solo se escuchaba el dulce canto de muchas variedades diferentes de pájaros, cada uno entonando una música alegre y desbordante de vida.

Podría seguir indefinidamente describiendo el encanto natural de aquel lugar y ni siquiera en esa infinidad de tiempo podría encontrar las palabras dignas para hacerlo....

Con seguridad, el lugar que dejé atrás, la tan infame "Nada", había aquí desaparecido por completo sin dejar rastro. Una escena en las profundidades de aquel parque me llamó la atención con más intensidad que el resto. Se trataba de un grupo de cuatro niños jugando, dos niñas y otros tantos niños. Se divertían en un parque infantil aislado del resto de la zona. Todos llevaban la misma ropa, pantalones cortos blancos y camisetas de tirantes del mismo color y si no hubiera sido por el diferente corte de pelo, no habría podido distinguirlos y diferenciarlos.

Antes de intentar interactuar con ellos, busqué incesantemente la presencia de los padres o al menos de un tutor y finalmente vi en un banco no muy lejano cuatro figuras adultas indistinguibles. Inmediatamente corrí hacia ellos, reanimado por la chispa de la presencia de otros seres humanos, ¡me desbordaba la felicidad!

"¡Gracias a Dios! Siento mi descaro, pero a estas alturas ya casi había abandonado la idea de que soy el único ser humano aquí".

Casi grité, tratando de mantener un tono de voz presentable, pero al principio no obtuve ninguna reacción. "Renuevo mis disculpas, no debí presentarme con tanta rudeza, es que ni siquiera recuerdo cuándo fue la última vez que me encontré con otros signos de civilización. ¿Puedo tomarme la libertad de preguntar dónde estamos exactamente?" Volví a preguntar con voz tranquila pero el resultado no cambió, aquellas figuras frente a mí continuaron su rutina como si mi presencia les fuera totalmente negada.

"Oye, ¿Te han cortado las orejas? Podrías al menos dignarte a contestar!" Exclamé con una arrogancia que sólo sirvió para ocultar mi miedo. Este intento también se perdió en el viento. Siguieron balbuceando sin prestarme la más mínima atención, por lo que alargué la mano hacia la figura más cercana a mí. Lo que pasó después me heló por completo la sangre... mis dedos cruzaron todo el cuerpo de aquellas figuras como si estuviera tocando una nube de aire.

"¿Qué está pasando aquí?" Pensé inmediatamente como reacción a tan absurda escena. Antes de que pudiera hacer mi siguiente movimiento, sentí detrás de mí un suave toque como un abrazo, una caricia que me disuadió inmediatamente de cualquier tipo de pensamiento negativo.

"¡Guardián!", Exclamé en el preciso instante en que mis ojos se posaron en aquella figura familiar de la larga bata blanca.

"Debo admitir, mi querido amigo, que al principio dudé de la sinceridad de tu convicción, o más bien debería decir que temía escuchar meras palabras sin hechos, y sin embargo tu presencia en este lugar confirma con fuerza tu deseo de resolución" Esa declaración estaba, como siempre llena de palabras ambiguas y nada simples, y me encantó como siempre, casi como un adorador ante la manifestación de un evento asociable al tan respetado dios.

"Gracias Guardián, me alivia mucho volver a verte, pensé que te había perdido para siempre en esa "Nada" tan espantosa".

"Oh, gracias por tu interés pero no te preocupes por mí, tú concéntrate en alcanzar esa ansiada salida que buscas y te aseguro que si la alcanzas yo también estaré a salvo" esa respuesta suya me llenó de preguntas, "¿Qué quieres decir?" Pensé pero no me atreví a preguntarle, ¿Soy un obstáculo para el equilibrio que intenta mantener? Como siempre, tantas preguntas y tan pocas respuestas en medio de ese intercambio de palabras. La única certeza era la duda.

"Guardián, ¿Cómo es que a estas figuras que tengo delante no les importa lo más mínimo mi presencia? ", Pregunté, esperando respuestas.

"Ah mi querido amigo, tu deseo de calor humano te ha alejado del verdadero objetivo, ves.... Hay que dejar atrás ese instinto de seguridad y confirmación y entender la verdadera razón de todo....

"Verás, has pasado el camino del nacimiento y así estás avanzando hacia la salida que buscas pero si quieres entender cómo salir, debes entender cómo llegaste..." Continuó "Ahora te haré una pregunta, ¿Cómo llegaste a este lugar? Qué recuerdas?" Esa pregunta suya fue totalmente desprevenida, intenté recordar y responderme y sin embargo por más que me concentré, fue completamente inútil, lo único que recuerdo fue la oscuridad y esa extraña tranquilidad a la que quería entregarme.

"Tu silencio es más elocuente que mil palabras. Sígueme, deja que te dirija por el camino correcto". Tras esa afirmación me puso la mano en el hombro y me acompañó respetuosamente durante unas decenas de metros hasta aquel grupo de niños que antes decidí ignorar.

"Guardián, no entiendo, ya he estado por aquí y no creo que haya nada interesante, sólo unos niños jugando y divirtiéndose...", Exclamé con respeto pero con no poca decepción. "Exacto, unos niños jugando, pero fíjate bien...", Respondió con esa habitual tranquilidad que suele emanar. Entonces observé mi entorno con mayor atención cuando, escondido detrás de un arbusto en la distancia vi a otro niño, parecía diferente al otro aunque vestía de la misma manera. Estaba totalmente absorto en sí mismo y jugaba solo, no parecía para nada atraído por la presencia de sus compañeros a pocos metros, es más, estaba totalmente inmerso en sus juegos.

De repente llegó a sus pies una pelota lanzada por error por el grupo de niños, el niño reaccionó con curiosidad, la recogió y trató de devolverla con toda la calma posible, pero al acercarse al grupo se sintió intimidado y se quedó bloqueado, sin poder reaccionar....

De su mirada se desprendía la incertidumbre de estar ante una situación desconocida para él, y finalmente, sintiéndose incapaz de perseguir su objetivo, corrió hacia la posición de partida, dejando el balón en el suelo y desinteresándose por completo. Incluso antes de que pudiera comentar el suceso que presencié, desde las inmediaciones del arbusto donde jugaba el solitario niño, se levantó una figura adulta, como las anteriores que vi en el banco parloteando. Esta también era a mis ojos oscura e imposible de identificar, y con seguridad era la madre que se acercó al niño y habiendo presenciado la incapacidad de su hijo para alcanzar a sus compañeros, se acercó agachàndose para llegar a los oídos de este.

"¡Hijo! No muerden, ¿Sabes? ¿Por qué no vas a jugar con ellos?"

La madre dijo estas palabras mientras con una mano intentaba mover al pequeño hijo, casi tratando de acercarlo a aquella situación tan complicada para él.

El, por respeto a su madre, se dejó llevar hasta unos metros del alegre grupo.Cuando finalmente en él surgió una evidente tensión que le llevó instintivamente a dar un tirón. Sólo entonces, en reacción a ese gesto, ella finalmente lo soltó.

"Dime mi querido amigo... ¿Qué piensas de lo que acabas de ver?" La suave voz del Guardián interrumpió aquel espectáculo de mis ojos obscenos.

"Indignante, obligar al hijo a formar parte de una situación con la que él mismo no quería tener nada que ver, casi como queriendo inducirle a ser como los demás... ¡Me parece totalmente incorrecto!", Repliqué con gran enfado, emoción que en ese momento se apoderó de mí por completo.

"Creo que no estás entendiendo el verdadero significado de ese gesto mi querido amigo, ¿No crees que la madre simplemente, al ver la duda en el corazón de su hijo, trató de hacer lo que pudo para ayudarlo a contrarrestar su miedo? No crees que crear un enemigo en quien está tratando de superar un problema es contraproducente?"

No respondí a esa pregunta, de hecho estaba tan concentrado en calmarme que tenía miedo de abrir la boca. Lo procesé en mi mente, como solía hacer pero no pude entender su significado.

"Veo que aún te cuesta aceptar los problemas del individuo amigo mío pero recuerda que todo aquel que intente ayudarte, incluso los más bruscos al hacerlo, no son enemigos sino valiosos aliados... Sólo tienes que aprender a tender la mano y escuchar sin juzgar." Esa afirmación me permitió dejar atrás la obligación de responder a la pregunta anterior. Una fuerte vibración removió las olas de silencio que siguieron a esos momentos, era el mando a distancia que una vez más me llamaba, lo recogí del bolsillo donde lo escondía y lo volví a tomar en la mano.

"Debes continuar amigo mío, tu viaje está lejos de estar completo, pero debes saber que hacia donde vas ya no puedo seguirte..."

"Guardián, nunca he sido capaz de entenderte de verdad e incluso ahora me cuesta hacerlo pero de una cosa estoy seguro, te necesito para llegar a la salida de este lugar... ¡No me abandones!", Respondí con el corazón palpitante y un arranque de preocupación.

"Puedo decirte cómo recorrer el camino que tienes delante, pero que sepas que eres tú quien debe hacer el esfuerzo de caminar... Y ahora ha llegado ese momento... ¡Camina!" Dijo acercándose lentamente a mí y al llegar me dio un abrazo que me reconfortó hasta lo más profundo de mi alma, luego levantó su rostro hacia el mío y me ayudó a pulsar el botón que me permitiría continuar.

"Muchas gracias", dije con un principio de lágrimas mientras aquel jardín en el que me encontraba se alejaba cada vez más de la vista, desmaterializándose pieza a pieza.

CAPÍTULO III

-Una fugaz Tranquilidad-

El entorno que me rodeaba se iba transformando poco a poco por completo. Los que antes eran maravillosos árboles en flor ahora dejaban espacio a altísimos y suntuosos rascacielos. El hermoso césped que cubría con gran majestuosidad aquel jardín que me acogía era ahora una interminable superficie de asfalto repleta de ruidosos coches de carreras y, por último, en sustitución de aquel divertido grupo de niños jugando había ahora una interminable multitud de personas recorriendo un camino con comportamientos tan estereotipados y artificiales que parecían robóticos. El renovado paisaje no fue en absoluto bienvenido, después de todo ya estaba tan acostumbrado a entornos de increíble belleza que todo lo que observaba ahora me parecía totalmente fuera de lugar.

Esta vez no fue necesario que interactuara con la gente que se agolpaba en aquellas aceras porque pude comprobar desde el principio que, como en aquel intento fallido en el parque, aquí era un simple observador, la multitud pasaba literalmente por mi cuerpo como si estuviera desprovisto de materia física.

Observé detenidamente el nuevo entorno en el que me encontraba pero me era absolutamente imposible mantener la concentración durante más de unos segundos en aquel ruidoso lugar con sus cegadoras luces. Los sonidos eran tan molestos que busqué un lugar donde poder escapar, busqué meticulosamente un entorno adecuado hasta que, en medio de una exagerada cantidad de pubs y discotecas encontré por fin un bar de música jazz.

Ciertamente no era una iglesia tranquila, lo que sin duda hubiera preferido, pero a falta de alternativas aceptables, finalmente me decidí a entrar.

Abrí la puerta de aquel lugar tan rápidamente que se estrelló ruidosamente contra la pared. Afortunadamente, como yo era un simple observador en aquel sitio, nadie pudo distraerse por el ruido que produjo. Aliviado por un gesto sin consecuencias entré en aquel bar. Desde el principio pude comprobar la total ausencia de sonidos del ruidoso mundo exterior y para mí ya era una victoria, entré en lo que parecía la sala principal. Había una decena de mesas donde la gente se sentaba a comer pequeñas porciones de comida y a observar con más claridad el espectáculo de los músicos de jazz en un pequeño escenario a la derecha de la sala. A la izquierda del mismo en cambio un pequeño mostrador para pedir y posiblemente consumir algunas bebidas exóticas.

A lo lejos de todo una escalera que llevaba al piso superior de la sala. Una multitud de fotos decoraban las paredes de esta sala y, como era de esperar, representaban a artistas famosos de la escena del jazz, ninguna de ellas era en color. Sin embargo, el lugar estaba en silencio, los pocos presentes intercambiaban discursos con calma y respeto, algunos bebiendo un vino de pie y otros sentados esperando la presentación de los siguientes músicos. Cuánto me hubiera gustado asistir a ese espectáculo musical! El jazz nunca ha estado entre mis principales elecciones cuando se trata de música, sin embargo siempre he apreciado sus tonos artísticos y especialmente las notas del saxofón, un instrumento tan poderoso y a la vez capaz de encantar melodías... Ah la música, ¡Qué mejor representación del genio humano! Un arte con la capacidad de reconfortarte en los peores momentos y de permitirte navegar con mayor facilidad en los mares de la mente, tan variada y tan completa... Si pienso en el tiempo que paso escuchando las más variadas melodías me embarga inmediatamente una profunda melancolía, una emoción siempre consoladora y sin embargo, sobre todo en esta época, cuánto más peligrosa.

Seguí buscando algo útil pero al final no encontré nada digno de mención en aquel lugar, de hecho ni siquiera sabía qué buscar, en el pasado estaba el Guardián dispuesto a ayudarme pero aquí estaba realmente solo.

"No es el momento de estar rodeado de dudas e incertidumbres" Me repetí mentalmente en busca de consuelo. Decidí continuar hacia el bar, lo crucé y me dirigí hacia aquellas escaleras que eran la única parte del bar desconocida para mí. Bajé por ellas subestimando su longitud cuando finalmente, tras lo que me pareció una interminable subida llegué a una enorme puerta, impreso en su superficie había un texto.

"Bar del Deseo"

"Abandona tus prejuicios"

Esta vez no me encontré ante un texto difícil de interpretar, al contrario, su claridad me resultó excesivamente elocuente... Sin siquiera pensarlo demasiado, decidí alejarme, volviendo a bajar aquellas escaleras. Continué durante lo que percibí como una cantidad excesiva de tiempo.

Al principio no pensé demasiado en ello, después de todo estaba acostumbrado a presenciar eventos anómalos, pero esta vez me di cuenta de que estaba caminando en círculos. Antes de dejarme llevar por el estrés de un viaje sin rumbo me volví de nuevo. Como si no hubiera caminado, aquella puerta que había abandonado antes seguía allí detrás de mí, en ese momento supe con certeza que esa era mi meta... Me acerqué con decisión, releí de nuevo el texto y con renovada convicción alcancé el picaporte.

-El individuo de negro-

Sólo cuando abrí ligeramente aquella puerta me invadió el asco, un insoportable sonido de música electrónica impregnaba aquel lugar con tal fuerza que me impedía concentrarme. Nada más entrar, vi a una multitud de jóvenes empeñados en bailar en una pista situada en el centro de la sala, estaban totalmente desincronizados y seguramente llenos de alcohol en sus cuerpos.

Se veían totalmente ridículos en ese absurdo baile, constantemente trataba de desviar mi atención de ellos pero era imposible. Esa danza de cortejo era inaceptable a mis ojos, mientras más tiempo concentraba mi mirada y con mayor certeza notaba la presencia de gestos primitivos. Unos se besaban sin pudor y otros se frotaban sin ninguna vergüenza...

Sabía que delante de mí había seres humanos, pero lo que mis ojos veían con total certeza eran simples animales perdidos en el camino de la evolución. ¿Realmente hemos caído tan bajo como sociedad? ¿Cómo puede ser que siglos de evolución cultural y biológica nos hayan llevado a vivir sólo para satisfacer nuestros instintos? Pensaba en esto todo el tiempo y la ira comenzó a convertirse en el principal motor de mi ser, lo único que deseaba en ese momento era la posibilidad de dañar a las personas que tenía enfrente, pero para esto, lamentablemente estaba impedido.

"¡Dxxxor vxxxa rxxxdx!"

"¿Xxe xaxx exxerxexx?"

"¡Xx pxxxxnxe! Xax xxxsxxxxnxs xsxax sxxixnxo!

De nuevo esas voces, sin embargo, por primera vez desde que las oí, sonaban como si estuvieran manteniendo una conversación... No podía entenderlas, pero una vez más me sirvieron para salir de una situación estresante y alejarme de la ira que me invadía.

 Aprovechando esa distracción, aparté la mirada del áspero paisaje que ofrecía la pista de baile y me senté en un taburete de la zona de la barra del club en un intento de calmarme por completo. En ese momento estaba tan confundido por el flujo de mis pensamientos que miré al camarero con la esperanza de que tomara nota de mi pedido, tenía tantas ganas de tomar una copa para olvidar la desagradable situación que habría aceptado incluso un mísero vaso de agua... sin embargo, por desgracia, me fue imposible siquiera hablar con él. Sentí la absoluta necesidad de salir de aquel lúgubre lugar, cada fragmento de aquel lugar me inspiraba aberración y repulsión, me sentía como un pez fuera del agua. A estas alturas, por mucho que intentara relajar mis músculos, no podía controlar el desprecio que me recorría el cuerpo, la jarra de agua de mi mente se estaba llenando por completo y estaba a punto de desbordarse.

Antes de que la más mínima reacción pudiera manifestarse en mí, me levanté y con la misma prisa que alguien que llega tarde al trabajo, corrí directamente a la puerta que me introducía en el club, pero no me dio tiempo a abrirla porque alguien intentó entrar anticipándose a mi movimiento. Una figura femenina apareció al pie de la puerta, entró con una confianza intimidante y en el preciso momento en que toda la sala se percató de su presencia, se hizo un silencio total. Era imposible no entender por qué, era de una belleza aterradora, cada átomo de su cuerpo estaba representado a la perfección y ningún detalle estaba fuera de lugar. Era alta, extremadamente simétrica y con deliciosas curvas, su larga y rizada melena negra azabache se deslizaba con gracia sobre un cuello que reclamaba besos, sus ojos de un verde magnético latían de pasión y sus labios carnosos creaban un deseo total en el observador. Era de tal perfección que parecía imposible. Con extrema y elegante decisión se dirigió hacia la barra y se sentó con total elegancia, no tardó en verse rodeada de chicos que buscaban sus atenciones pero ella, con decisión y mostrando su total desinterés, los apartó uno a uno. En ese larguísimo momento olvidé por completo mi intención de alejarme de aquel tugurio y, como el resto de los presentes, me quedé maravillado con aquella encantadora criatura de rara belleza... En mi mente comenzaron a aparecer pensamientos inapropiados.

"Ah, ¿Y tú eres el que ha criticado tanto a esos hace un momento? Un poco hipócrita por tu parte, ¿No crees?" Reaccioné a esa voz con tal susto que me levanté unos metros del suelo, me giré y al ver esa figura respondí instintivamente.

"Gurdian, ¿Eres tú? No habrás..." Interrumpí bruscamente la frase al darme cuenta del gran error que estaba cometiendo. Frente a mí no estaba el Guardián sino una criatura de aspecto similar, era de la misma altura que el primero y llevaba exactamente la misma capa para cubrirse la cara, la principal diferencia era el color de la capa... Negro como el abismo más profundo que se pudiera ver.

"Tú no eres el Guardián... ¿Quién eres?" Pregunté con arrogancia, manteniendo el puño listo para la acción.

"¿Qué necesidad hay de querer identificar todo con un nombre? ¡Sólo estoy aquí para observar la hipocresía que tratas de ocultar!"

"¿Hipocresía? ¿De qué demonios estás hablando?"

"Eres realmente ridículo ¿Sabes? Te pasas todo el tiempo criticando a esos individuos calificándolos de animales y así pasar por el único evolucionado pero al final eres exactamente como ellos... ¡Mira cómo babeas ante la presencia de ese hermoso pedazo de hembra! ¿Por qué no admites que tú también tienes algunos deseos ocultos?" Respondió aquel ser con un tono de desafío e intención provocadora.

"¿Cómo te atreves? No me conoces en absoluto".

"Ah pero ahí es donde te equivocas. Te conozco perfectamente, de hecho he llegado a conocer a todos como tú, sois todos iguales, juzgáis continuamente a las personas que promulgan lo que vosotros sois incapaces de realizar y lo hacéis con la esperanza de alejar el odio que ese fracaso provoca en vosotros mismos". No pude controlarme al escuchar esas palabras, rápidamente lancé mi puño izquierdo hacia la cabeza de aquel ser pero fue esquivado con facilidad.

"Absolutamente predecible, tratas de culparme por tu ineptitud... Eres verdaderamente ridículo" Exclamó burlándose de mi intento fallido de ahora. La ira comenzó a recorrer cada capa de mi cuerpo, se manifestó en mi interior un instinto violento que casi no reconocía, pero la presencia de aquella criatura iba creando en mí más y más aversión, como un fuego dispuesto a crear una llamarada incontrolable.

"¿Por qué no la invitas a tomar algo?" Aquella pregunta suya, esta vez nada provocativa, provocó en mí un intenso análisis de la situación. Por supuesto que era imposible interactuar con aquella mujer dado el efímero lugar en el que me encontraba, sin embargo estaba convencido de que aquel ser sabía que no lo habría hecho aunque hubiera podido. La verdad es que la vergüenza me habría golpeado por completo bloqueándome en el acto y convirtiéndome en una criatura incómoda y vergonzosa. Odiaba ese lado de mí, siempre huyendo de las situaciones que no podía controlar, en las que ese ser tenía razón.

"¿Por qué demonios iba a invitarla a una copa? ¿Crees que soy como el resto de esta chusma? ¿Preparado para hacerle la pelota como si eso fuera todo en lo que gira mi vida? Francamente me respeto más a mí mismo que a ser la razón del ego de una mujer de fácil virtud..." Esas palabras salieron de mi boca en completo contraste con el análisis de justo antes.

"¿Y quién eres tú para juzgar con tanta arrogancia el comportamiento de una persona que ni siquiera conoces. Es esta la tan respetada inteligencia que presumes poseer? No me hagas reír, ¡Sólo eres un quejica y un hipócrita!" "Déjame decirte la verdad, te gustaría poseer a esa mujer tanto como a esas personas que tanto desprecias, la diferencia es que ellas aceptan sus instintos y no se rebelan contra ellos. Tú, en cambio, incapaz de superar tus miedos a un posible fracaso, antagonizas con esa parte de ti mismo y entras en un círculo de protección interminable... ¡Cómo puedes, después de todo, una persona de tan gran calibre intelectual, poseer instintos y deseos tan primitivos! No lo permites... ¡Cobarde! Eso es lo que eres, ¡Cobarde y mentiroso!" Esas palabras suyas me dañaron profundamente, ¿Quién era? ¿Cómo podía ser tan arrogante y a la vez tan sabio? No podía entenderlo y mucho menos aceptar sus palabras.

"¿Por qué me dices eso? ¿Cómo no puedes ver la realidad de la situación? ¡Con qué ignorancia puedes decirme que esa gente es cualquier cosa menos animales! Míralos, viven para el vicio y el deseo, pero la vida es mucho más que eso!" Respondí a sus afirmaciones mientras mantenía firmemente mi defensa.

"¡Sigue atacando lo que no entiendes! La diferencia es que yo no juzgo, claro, entiendo tu necesidad de estigmatizar todo lo que no aceptas pero ese no es el camino correcto. Si realmente estás tan convencido de lo que dices ¿por qué te crea tanta rabia y desprecio? Esta gente simplemente se está divirtiendo, no te está perjudicando activamente, y sin embargo pareces incapaz de superar su comportamiento. ¿Te has preguntado alguna vez si tú eres el problema? Si estuvieras totalmente seguro de ti mismo todo esto no te crearía ningún daño". "No digo que no debas tener tus propias ideas, sólo quiero señalar los errores que sigues cometiendo.

Cada ser en esta vida tiene sus propias necesidades, ¿Te atreverías a decir que no al instinto que produce el hambre? O al deseo de respirar o al impulso de pensar? Y dime, ¿Hacer estas cosas te hace igual que los demás? No! Sigues siendo tú mismo cuando te aceptas de verdad. El deseo forma parte de ti pero complacerlo no te convierte en un animal ni en una copia de esa gente, acéptalo y lucha por superar los prejuicios pero sobre todo vence la inseguridad que bloquea cada una de tus acciones"

Expresó este largo discurso con verdadero interés en mí. Pero en lugar de extender su mano en busca de consejo, lo desprecié cada vez más, no podía aceptar esas palabras.

"¡Suficiente! ¡Déjame en paz! Ningún deseo puede entrometerse en mi camino de vida ¡Nunca seré comparable a esta gente vacía y sin sentido! NUNCA", Grité con tal magnitud que casi creé un terremoto en la sala.

"Eres una completa decepción... Realmente me das pena, ¿sabes? Eres incapaz de romper las barreras que te han mantenido a salvo de una realidad con la que no puedes vivir. Eres patético, un fracasado, nunca saldrás de este lugar y creo que es lo mejor". Sus insultos me atravesaron, el odio se estaba apoderando de todo mi ser nuevamente, podía sentirlo. Esa rabia era insoportable, tan invasiva que me llevó a autolesionarme en un intento de expulsarla.

"Bien... Sigue así, es lo único de lo que eres capaz, de odiarte por completo en tu incapacidad de saber quererte", Esas palabras salieron cada vez más mordaces.

"¡Cállate, cállate!!! Todo esto es tu culpa, ¿Por qué tratas de empujarme a una situación como esta?"

"Siempre es culpa mía... Pobre cachorro incomprendido" Esa última risita suya hacia mí fue demasiado para soportarla. Comencé a actuar de forma histérica y el llanto se manifestó en mí en un intento de desahogar externamente la ira que me cubría. De repente vi la oscuridad en la distancia devorando lentamente el paisaje que me cubría, al mismo tiempo sentí una vibración. Era de nuevo el mando a distancia, todavía en mi poder, lo cogí inmediatamente pero el temblor de mis manos lo hizo caer al suelo.

"Deberías pulsar el botón rojo, ¿Sabes?" No respondí a su pregunta, pero me fue imposible ignorarla. Recogí el mando a distancia del suelo y seguí insistiendo en ese botón rojo que me atraía cada vez con más fuerza... La oscuridad estaba a punto de engullirme.

"¡Dxxfxxrxlxdxx, raxxdo!" Un trueno cubrió la sala con gran furia y conmoción, seguido de otros dos en breve sucesión. La luz que se creó en esos breves instantes me devolvió la lucidez y apartando el dedo del botón maldito, pulsé con todas mis fuerzas el botón de reproducción, el único que me permitía continuar.

CAPÍTULO IV

-Melancolìa-

El último fragmento de memoria que logré extrapolar de mi confusa mente fue la imagen de aquella oscuridad que sentí que casi tocaba mi cuerpo.

Por suerte, cuando abrí los ojos, lo que vi fue sólo luz y no se veía ningún rastro de aquella oscuridad. Me encontré de nuevo perdido en esos interminables pasillos que mostraba la "Nada", un escenario muy reconfortante en esos momentos oscuros en los que se encontraba mi mente.

Estaba demasiado agotado como para recuperar la más mínima fuerza de voluntad necesaria para continuar el viaje.

La conversación intercambiada con aquel ser me perjudicó mucho más de lo que podía imaginar. Lo único que deseaba en ese momento era un poco de tranquilidad, alejar completamente la mente de cualquier recuerdo de aquella experiencia y recuperar la energía perdida.

Fue en ese momento cuando vi aparecer a pocos metros un pequeño arroyo rodeado de verde hierba, la dulce llamada del incesante flujo de agua era exactamente lo que quería escuchar. No tardaron mis piernas en lanzarse de cabeza hacia ese dulce sonido con una coordinación increíble. Me senté lo más cerca posible de aquel arroyo e inmediatamente traté de relajarme. Mis pensamientos intentaban encontrar una convivencia pacífica pero la única memoria a la que se aferraban era la melancolía de los dulces recuerdos del pasado.

Miraba hipnóticamente el agua mientras lágrimas amargas resbalaban por mi rostro. Me era imposible olvidar al niño del pasado, capaz de manifestar una gran alegría al descubrir cuantitativamente un universo de continua novedad. Constantemente abrazado por el deseo de acariciar con su mano cualquier realidad que el mundo le mostrara, un joven lleno de energía y con un corazón lleno de convicción y amor por la vida.

Sin embargo, ese niño estaba destinado a crecer y dejar atrás esa realidad efímera para lanzarse de cabeza al mundo palpable.

Así, el niño se convierte en joven y se encuentra confinado en la certeza de una actualidad dura e implacable, de un mundo en el que ya no hay lugar para los sueños de un infante... Lo que antes era novedad ahora daba paso a una normalidad carente de mordacidad. Los deseos cambiaron y la ingenuidad fue completamente absorbida por la malicia y, en consecuencia, por una espiral de inseguridades individuales de la que es imposible escapar.

Completamente perdido en ese flujo de pensamientos, poco a poco volví a encontrarme a mí mismo, seguía al borde de ese maravilloso arroyo y las lágrimas que seguían cayendo se perdían en sus aguas. La tristeza era palpable en el aire y mi ser estaba completamente absorbido por ella.

"¿Merece la pena conocer la salida si lo que me espera al otro lado es una realidad tan carente de viveza?", Pensé mientras observaba mi propio reflejo manifestándose en aquellas corrientes turbulentas.

De repente, de la nada, apareció una maravillosa perrita blanca y con una inmensa dulzura. Posó su dulce hocico sobre mis rodillas, su gesto estaba lleno de calidez y me sentí invadido por un amor puro y sincero...

"¡Hola pequeña! ¿Qué haces aquí, tú también estás perdida?", Exclamé sin poder evitar que mi mano acariciara su cabecita. Al escuchar mis palabras, aquella criatura de purísimo pelaje blanco se acercó a mí y con gran delicadeza lamió mis lágrimas con la clara intención de quitarlas de mi rostro. Fue un gesto sencillo pero muy necesario, me sentí inmediatamente comprendido y la melancolía decidió darme descanso.

"Sabes pequeña, conocí a una persona verdaderamente atípica, sólo que se expresaba con insultos y sin embargo había mucha verdad en sus palabras... Siempre me escondí de la realidad, nunca la acepté. Hay muchos deseos dentro de mí y no de todos ellos estoy orgulloso".

"Toda mi vida me ha costado manifestarme y siempre he tenido miedo al fracaso, no puedo negarlo porque me he escondido en mis creencias durante tanto tiempo que ahora son lo único que me crea seguridad. La verdad es que temo al cambio porque no tengo ni idea del efecto que tendrá en mí y porque me siento seguro en esta burbuja de ilusión que me he creado.

"Al oír estas palabras, las orejas de aquella magnífica perra se enderezaron por completo y, cuando terminó de escuchar, se sentó en mi regazo, mirándome fijamente con unos ojos que eran de un negros todo menos que intimidante.

"Pero debes saber que mi tristeza no es sólo consecuencia de haber escuchado tanta verdad en palabras ajenas, hay muchas otras cosas que no acepto en la vida y la muerte es una de ellas..." Me detuve de repente al escuchar esas palabras, eran aterradoras. Me tragó un recuerdo particular, yo era un joven de unos diez años y en ese año murió una persona muy querida para mí, cuando asistí al funeral no entendí el porqué de este evento religioso, por lo que pedí explicaciones a un familiar.

"Siento que haya muerto, estamos recordando su vida antes de despedirnos..." Esa respuesta me vino como un flashback.

"¡Muerto... Todo el mundo lo repite pero yo no entiendo lo que significa!", Respondí.

"Una persona que muere significa que nunca va a volver..."

Esa última protesta me impactó tan profundamente que recuerdo que me puse a llorar de desesperación. El último recuerdo de ese día fue el de mí mismo, tumbado en la cama de mi casa y sin poder dormir. Esa noche comprendí el concepto de la muerte y que en el futuro tendré que sufrir el mismo destino. No podía aceptarlo e imaginé toda la experiencia de una vida perdida en el momento del final. ¿Por qué tenemos que aceptar tal conclusión? ¿Construir toda una vida de éxitos y fracasos para luego asistir a la desaparición de todo en un instante? ¿Con qué propósito? Estas preguntas llenaban constantemente mi vida diaria creando un gran malestar.

"Lo siento pequeña, te estoy aburriendo con mis problemas, desgraciadamente este es un gran defecto mío. Siempre busco la certeza en quien me escucha y entonces centro la discusión en mí". Así cerré la discusión notando que durante todo este tiempo la perra seguía observándome como si realmente estuviera interesada en ayudarme. Extendí los dos brazos hacia esa carita comprensiva y la atraje hacia mí, acunándola como si fuera un bebé. Pues en todo ese tiempo sus ojos no se despegaron de los míos. En ese momento me percaté de la presencia de un collar verde en su pequeño cuello, atado a él lo que parecía ser un trozo de papel rasgado. Coloqué suavemente a la pequeña criatura en el suelo y extendí delicadamente mis dedos en un intento de recoger ese papel. La perrita no pareció molestarse en absoluto por mi gesto, al contrario, movió su hocico hacia atrás para facilitar mi intención y al final lo conseguí, cuando desenrollé aquella nota pude ver un texto escrito a mano, así rezaba.

"...Estos refugios nos protegen sólo en la superficie,

mientras que es en el interior donde la herida hace más daño,

y, sin embargo, a veces alivian el síntoma,

es más importante que curar la enfermedad,

porque entenderlo se convierte en un riesgo peor

al dolor con el que ya vivimos, pero que conocemos mejor,

la fuerza para asumir riesgos no se le concede a todo el mundo y

Por desgracia, cada vez son más los que abandonan el intento..."

De nuevo, como la anterior que encontré en mi viaje, esta nota se detuvo abruptamente.

Era bastante obvio que era una continuación de ese texto, y la ambigüedad era más pronunciada que la anterior. Incapaz de comprender del todo su significado, miré al otro lado de la nota con la esperanza de encontrar un añadido, que desgraciadamente faltaba.

No había rastro de un texto más como el que había encontrado en el pasado, en su lugar sólo encontré un extraño punto negro en el centro del papel y con curiosidad lo toqué ligeramente....Al instante apareció una imagen en movimiento, completamente similar a un holograma, me fue imposible identificar la figura reproducida pero empezó a hablar.

"Amigo mío, tu viaje continúa y esto es para mí una fuente de inmensa alegría, sigue centrado en tu objetivo, como siempre te aconsejo y no renuncies a los imprevistos que forman parte del mismo camino, recuerda que el fracaso es el privilegio de quien decide intentarlo. Siéntete orgulloso de fracasar porque significa que has decidido intentarlo y cada error que cometas será una lección para ti! pero sobre todo, no seas demasiado duro contigo mismo.

No te distraigas por un pequeño punto negro en una camisa totalmente blanca".

Tan rápido como apareció, el holograma desapareció, sólo escuchar esa voz despertó la felicidad en mí... ¡El Guardián seguía ahí y no me había abandonado!

-Prosigue-

La confianza renovada me permitió sustituir la tristeza por la esperanza. La perrita había estado escuchando todo este tiempo sin producir ningún sonido. La miré y me arrodillé para acariciarla con todo el amor que sabía expresar. Era más evidente que nunca que esta dulce criatura había sido enviada por el Guardián y no podía estar más agradecida por semejante regalo. Entonces la pequeña extendió su pata como para saludarme y consciente de haber cumplido con su deber se alejó hacia aquel horizonte blanco de "Nada" y poco a poco se fundió con la luz de aquel lugar. Presa de una enorme gratitud la vi alejarse con los ojos llenos de lágrimas, esta vez de alegría por haber recibido el honor de su compañía.

Me encontré solo, de nuevo inmerso en aquellos pasillos de luz. Una vez más el camino era incierto, pero esta vez se desarrolló en mí la convicción de que el viaje estaba cerca del final. No recibí ningún aviso de aquel mando a distancia que ahora servía para abrir el camino hacia la siguiente senda, así que decidí continuar con la certeza de que la "Nada" que me rodeaba me daría las respuestas.

Comencé a coordinar mis piernas en un intento de que tomaran velocidad y finalmente comencé a correr, fue una sensación agradable. La ausencia total de fatiga física me hizo apreciar más esta forma primordial de locomoción. Corrí durante un tiempo indefinido y el paisaje que tenía delante no cambió ni un ápice, sin embargo no me sentí ni estremecido ni molesto, era como si aquel rápido relevo me permitiera abandonar por completo las preocupaciones que me acosaban y desahogarlas totalmente fuera del cuerpo. Cerré los ojos y continuando con la maratón me imaginé caminando por una playa en las primeras horas de la mañana, era un derroche de emociones, el rugido del mar que sobresalía al borde de aquel manto arenoso era la sensación más agradable posible y la ausencia total de bañistas era motivo de gran relajación. El sol, que en el horizonte pugnaba por emitir la primera luz de la mañana era una visión casi divina y el viento se acercaba para completar un momento de pura paz, me sentía tan libre como un pájaro que levanta el vuelo por primera vez. Aquel sueño impreso en mi mente me hizo olvidar la situación real en la que me encontraba y sin tener tiempo de reaccionar me vi obligado a un despertar prematuro, la distracción hizo que se me cruzaran los pies al correr y tratar de mantener el equilibrio fue imposible... Caí al suelo a toda velocidad y casi pude sentir el dolor manifestado en todo mi cuerpo.

Sentí que me abrazaban por completo al suelo y la confusión por esa rápida vuelta a la realidad me impidió volver a levantarme.

"Fxxxza cxxixx" xasx xxtxs.... rexxxxioxa!" Esas lejanas palabras resonaron en la zona como un despertador en las primeras campanadas de la mañana, era la voz que me ha perseguido desde el principio y esta vez era casi completamente comprensible! Esto me hizo ver que estaba cada vez más cerca de mi objetivo. Inmediatamente intenté levantarme pero para mi asombro era imposible, intenté una y otra vez reunir fuerzas pero el peso de mi cuerpo era demasiado para mí, era como si la propia gravedad se hubiera triplicado. En esa incómoda situación sólo conseguí arrastrarme hacia delante con cierta dificultad. Empecé a ponerme nervioso y a contonearme continuamente en un intento de poder al menos enderezar las piernas pero incluso este intento resultó inútil, estaba totalmente pegado al suelo. Intenté que no cundiera el pánico y lo conseguí sólo en parte. Apareció una enorme nube de humo frente a mí cuando se despejó pude ver una figura negra encapuchada en su interior. Era esa criatura irritante que había conocido en ese club, y se estaba acercando.

"¡Ah! Qué situación tan desagradable, cómo es que siempre te encuentro en problemas... ¡Espero que no te pongas a llorar!" Esa voz suya tenía la misma vena desafiante que yo recordaba.

"¡Deja de molestarme con tus provocaciones! ¿Por qué no me ayudas en su lugar?", Respondí irritado.

"¿Y por qué habría de hacerlo? Ya lo intenté en el pasado y no quisiste saber y ahora te atreves a pedirme que te ayude? Eres tan hipócrita... Cuando te conviene quieres recibir una mano y en otras ocasiones la rechazas, bueno, ¿Sabes qué? Ayúdate a ti mismo. No es que te haya llevado lejos de todos modos," "Jajaja". Su risa era tan molesta que deseaba con mayor intensidad levantarme para poder golpearlo en la cara. Ignoré este deseo y me esforcé en un intento de recuperar una postura erguida. Coordiné mis brazos y piernas y logré al menos mantener una posición de gateo pero esto duró poco, el esfuerzo me hizo abrazar el suelo de nuevo.

"¡Por favor, ayúdame! No puedo hacer esto solo...", Exclamé, dejando de lado mi orgullo.

"No, no lo haré... Si te ayudo, la próxima vez que te caigas necesitarás que alguien te ayude a levantarte de nuevo... Y esa necesidad continua me parece aberrante". "Si quieres, te enseño a ponerte de pie, pero eres tú quien tiene que hacerlo, ¿Y sabes por qué? Porque una vez que sepas levantarte por ti mismo, ¡no necesitarás nunca más que nadie lo haga por ti!" Me disgustó su falta de empatía, pero había verdad en sus palabras, y me dio fuerzas para volver a intentarlo. Por fin conseguí mantener una posición casi totalmente erguida cuando, agotado, volví a caer al suelo.

"Vamos! Ya casi lo tienes. No te rindas!"

"Por primera vez no había provocación en sus palabras, pero me había hundido en la desesperación. "¡No puedo hacerlo!!! ¡Por más que lo intente es imposible!" Lágrimas de rabia humedecieron mis ojos."Siempre el mismo patético... ¡Fracasas en un intento y tu única reacción es quejarte!"

"¡Cállate! ¡Si me ayudaras! ¡También es tu culpa esta situación!", Repliqué inundado de ira.

"Aquí estamos en el juego de las culpas como siempre. Siempre culpando a los demás de tus dificultades. Pobre criatura incomprendida... ¿De verdad crees que con haberlo intentado dos o tres veces es suficiente? La vida está hecha de dificultades te guste o no, cuando quieres algo tienes que luchar con todas tus fuerzas y aceptar los fracasos! Todos empezamos el camino de la vida débiles, la diferencia es que algunos no se paran ante los primeros problemas tan fácilmente como tú. Sabes que los huesos del cuerpo se fortalecen una vez rotos? Deja de quejarte y vuelve a levantarte!" Escuché atentamente aquel discurso porque comprendí su significado, si quería volver a levantarme tendría que hacerlo solo, con esa convicción concentré todas las fuerzas que me quedaban y luchando contra el cansancio conseguí poco a poco ponerme en pie y alcanzar la ansiada posición erguida. Estaba destrozado, sobre todo mentalmente, pero me sentía ganador y era una sensación que nunca había sentido.

"¡Así que no eres tan inútil después de todo, admito que estoy sorprendido!" Exclamó el ser cambiando totalmente su tono de voz.

"Supongo que debo agradecerte. No podría haberlo hecho sin ti..."

"Ahì es donde te equivocas, no he hecho absolutamente nada. A quien debes dar la gracias es a ti mismo. Lo has hecho todo tù solo."

"No me dio tiempo a añadir nada mas porque, al terminar la frase, el ser de negro desapareció en la misma nube de humo que había visto antes. ¿Quién era y cuál era su propósito? Me provocaba y humillaba constantemente y al mismo tiempo intentaba empujarme a luchar... De una cosa estaba segura en medio de todas esas incertidumbres, de que nuestros caminos volverían a cruzarse.

CAPÍTULO V

-Ascensión-

En ese momento el humo se había disuelto por completo dando claridad al horizonte y a lo lejos aparecía un deslumbrante canal de luz que antes no estaba presente. Inmediatamente, canalicé las últimas fuerzas en esas piernas agotadas por el esfuerzo de esos últimos minutos y al hacerlo me concentré por completo en alcanzar ese nuevo objetivo. La distancia, que al principio parecía corta, resultó ser interminable, no sentí ningún dolor, sin embargo, las articulaciones de todo el cuerpo parecían desprovistas de energía casi como si estuvieran chupadas por completo de la misma.

Cada paso parecía eterno, pero la convicción en mí era tal que en ningún momento pensé en abandonar. Pasaron momentos interminables, pero finalmente logré llegar a ese canal brillante que tanto esfuerzo me causó.

Desde esta perspectiva cercana me resultó más fácil describir lo que vi, la luz era tan deslumbrante que me vi obligado a taparme ligeramente los ojos.

Sin embargo era evidente la presencia de un canal ascendente que parecía empujar todo lo que tocaba hacia arriba. Si tuviera que describirlo con conceptos fácilmente comprensibles, habría explicado que frente a mí había un ascensor de pura luz, pero sería casi un término irrespetuoso comparado con la verdadera majestuosidad y complejidad del mismo. Este "ascensor" tenía una energía inmensa y su luz llegó a emerger en aquella "Nada" llena de un brillo deslumbrante. No sólo eso, parecía manifestar una fuerza de atracción absoluta por lo que me sentí de nuevo distraído por aquella belleza.

No faltó un poco de incertidumbre al imaginarme cruzando ese canal pero en mi interior se renovó la convicción anterior de que el viaje estaba cerca del final. El último obstáculo lo representaba ese "ascensor" que se encontraba frente a mí...

Miré por encima de mi hombro, como si instintivamente tratara de encontrar algún apoyo externo pero, obviamente, estaba solo.

Decidido a descubrir de una vez por todas la realidad del lugar que me había atrapado durante todo este tiempo.

Crucé por completo aquel canal ascendente, la última sensación que percibí antes de perder la conciencia fue la de mi cuerpo que, ligero como una pluma, se elevó hacia arriba.

-Pérdidas-

"¡Bxex cxixo, fxltx xoxo!" Esa voz fue como un dulce despertador para mí y me permitió recuperar el estado de conciencia. Abrir los ojos fue fácil pero saborear el placer de la vista lo fue menos, mi visión tardó varios segundos interminables en readaptarse a la excesiva luminosidad que la rodeaba pero finalmente pude ver con claridad. Para mi gran sorpresa, me encontré rodeado de innumerables puertas, todas erguidas sin necesidad de ningún apoyo, equilibrándose sobre sí mismas como si engañaran a la propia ley de la gravedad. Mi mente estaba llena de incertidumbres sobre cómo proceder, después de todo, había tantas posibilidades frente a mí que podía perderme.

Salí decidido a investigar y estudié una a una las puertas que encontré en el camino y enseguida me di cuenta de que la mayoría de ellas carecían de cualquier tipo de cerradura o picaporte. La única información que pude encontrar fueron las etiquetas en cada puerta. "Racionalidad" "Inseguridad" "Deseo" "Miedo"

Podría haber seguido durante horas leyendo pero estaba claro que cada texto describía un estado emocional concreto, no podía imaginar por qué pero sentía que todo tenía que ver conmigo y con el viaje que estaba realizando.

Seguí sectando cada esquina, ante la remota posibilidad de encontrar una puerta accesible y finalmente me detuve frente a una que parecía bloquearme deliberadamente el paso. Inmediatamente me di cuenta de la presencia de un pomo y, con gran alegría, extendí rápidamente mi mano derecha hacia ella, pero antes de abrirla completamente me detuve en la etiqueta, que en mi prisa olvidé comprobar.

Un texto no muy diferente a los que había visto en las otras . A pesar de la incertidumbre de lo que podría encontrar más allá de esa puerta, no me dejé intimidar y finalmente la atravesé. Poco a poco fui descifrando el nuevo escenario en el que me encontraba. Inmediatamente detrás de mí, la puerta se cerró y, como para impedirme escapar, se disolvió completamente en el aire. Me encontré en una habitación oscura, la única luz presente era la tenue de una lámpara apoyada en el borde de un escritorio a pocos pasos de mi posición. Aquella luz me atrajo inevitablemente hacia sí, era débil, casi a punto de rendirse y dejarse envolver por la oscuridad que la rodeaba, el resto de la habitación estaba completamente envuelta en oscuridad, lo que hacía imposible describirla, sin embargo no me dejé intimidar y con paso decidido me acerqué a buscar el consuelo de aquella débil luminosidad.

Desde esta nueva perspectiva, pude ver más claramente la superficie de madera sobre la que descansaba la lámpara, la luz seguía latiendo intermitentemente, casi a punto de apagarse. Antes de que esto pudiera ocurrir busqué información importante pero no había cajones o compartimentos ocultos, sólo pude ver la presencia de un bolígrafo y una fotografía a la izquierda de la lámpara. Recogí la foto, ignorando totalmente el bolígrafo. Me acerqué a la débil luz y la observé. Mostraba una forma humana granulada en el centro con lo que parecía un pequeño perro en los brazos y luego rodeado de muchas otras figuras casi formando un abrazo colectivo. Parecía a todos los efectos una foto de familia pero ninguna de las caras era reconocible, el único detalle que destacaba del resto era la figura del centro, totalmente negra. Me acerqué a esta imagen ambigua y enseguida empezó a cobrar vida. Todas las personas, incluido el pequeño animal, empezaron a envejecer y a desaparecer una a una, alejándose del abrazo de la figura central. Ésta, inexplicablemente, no cambió ni un ápice sino que se encontró inevitablemente sola, abandonada por la compañía de sus seres queridos. Cuando la foto parecía no tener nada más que mostrarme, de repente la figura del centro cayó de rodillas y, aunque era imposible captar las emociones por lo borroso del rostro, pude percibir la desesperación por la pérdida sufrida.

No sabía qué pensar de todo esto, sólo conseguí empatizar con aquella figura y las lágrimas cayeron suavemente de mi rostro. Con suavidad y respeto dejé la foto sobre el escritorio donde la recogí y me dispuse a alejarme, limpiándome la cara. Al hacerlo, la puerta que antes parecía abandonarme apareció detrás de mí y temiendo que volviera a desaparecer, la abrí y corrí por ella.

El renovado horizonte me era familiar, era la misma playa en la que me refugié cuando salí de las aguas de la montaña del nacimiento, pero esta vez la oscuridad era casi total, incluso las aguas parecían de una negrura desconcertante, en ese manto arenoso vi la figura de un hombre que descansaba observando las olas lejanas. Mi primer pensamiento fue gritarle para que me escuchara, pero sin saber muy bien por qué, me atrapó el silencio de aquel lugar y simplemente me acerqué lentamente, cuando sólo nos separaban unos metros pude escuchar el grito desanimado del hombre.

"Hola, ¿Estás bien? Me disculpo por mi falta de respeto pero ¿Puedo preguntar por qué estás llorando?" Lo pregunté con verdadero interés y como si el hecho de que hubiera otro ser humano en un lugar tan remoto fuera ya la norma.

"Todo ha llegado a su fin, he conocido a tanta gente, muchos eran meros figurantes pero otros se han abierto paso en mi corazón creando un espacio indeleble en mis recuerdos.... Pero al final toda la alegría da paso al dolor, tuve que aceptar que con el tiempo perdería a esas personas y que las sobreviviría. Lo peor de todo esto es que con el tiempo te acostumbras a la pérdida y lo que en el pasado era un momento feliz ahora da paso a un recuerdo lejano que poco a poco acabará olvidado."

"Las alegrías de cuando era niño, el primer beso, el amor de la familia, el cálido abrazo de mi perro, la emoción de ver algo por primera vez...

Podría seguir durante horas pero al final siempre acaba igual. El tiempo, que inevitablemente te arrastra hacia delante, te lleva a alejarte cada vez más de esos recuerdos y ahora que me encuentro aquí, al final del viaje, me resulta imposible dejarme envolver por esas emociones ahora olvidadas." Sus palabras estaban impregnadas de la más profunda desesperación, no sabía cómo ayudarle o consolarle pero comprendía su tristeza.

"¿Qué sentido tiene todo esto? Me encuentro en una situación de total incongruencia, no quiero dejarme abrazar por la muerte, ¡No estoy preparado! Y sin embargo siento un odio inmenso hacia esta vida tan trágica, tanto que no puedo evitar preguntarme por qué existe esa existencia.

"¡No puedo aceptar que todo conduzca a esto! A un final que me arrastrará incluso a mí mismo a perderme en el mar del tiempo..." "He visto tantas cosas pero nunca serán suficientes, hay tantas cosas que no he tenido el honor de observar, tantos deseos a los que he evitado ceder, tantas puertas que he decidido dejar cerradas, tanto odio hacia mí mismo que me hubiera gustado convertir en amor... Pero ¿cómo puedo respetar a una criatura tan limitada como yo... Tan atrapada en la autocrítica como para impedirme vivir de verdad?" Escuché cada una de sus palabras con la mayor concentración e interés y me sentí completamente identificado. Sin permitirme abrir la boca, estiré el brazo hacia su hombro en un intento de consolarle. Al simple toque, el hombre se giró y me presentó su rostro... ¡era igual que yo! Aquella persona era una copia de mí en todos los sentidos, sólo que con muchas más arrugas en la cara y cerca del final. Me asusté inmediatamente.

"¡No entiendo! ¿Quién eres? ¿Por qué te pareces tanto a mí?", Grité hacia aquella frágil figura, pero no recibí respuesta alguna. Me miró intensamente a los ojos durante interminables segundos, finalmente hizo acopio de todas las fuerzas que le quedaban en aquel débil cuerpo y se puso en pie.

"Siempre me ha sido difícil aceptar todo esto y por eso me he limitado. Al hacerlo he preferido la coraza protectora de mi desánimo a una vida que aunque desconocida podría llenarme de más momentos felices... aún puedes elegir..." Me dijo estas dulces palabras al oído y al terminar su frase apareció detrás de nosotros el mismo viejo televisor que ya se me había aparecido en el pasado.

"Asimila todo lo que este viaje te ha presentado y prepárate para lo que te espera con renovada confianza, no te dejes envolver por el miedo y no cometas los mismos errores que yo..." Inmediatamente después de terminar la frase, el hombre desapareció de mi vista dejándome con la duda de su verdadera naturaleza, sin embargo no pude pensar demasiado en ello ya que la vibración del mando a distancia en mis bolsillos me llamaba a él. Tenía el mando en la mano derecha, pero la izquierda se acercó al botón sin poder controlarlo. Asustado, hice todo lo posible para evitarlo y el mando cayó al suelo.

"¡Vaxxs, cxico! ¡Cxsi esxá axuí! ¡Una xez más, un exfuxxzo más!"

"¡Maxtexgxlo ex obxexvaxiox y axextexe al menxx cambxo!" De nuevo, aquella voz cada vez más fuerte me permitió contrarrestar la influencia que aquel botón tenía en mi cuerpo, hice por recoger el mando del suelo y con gran agilidad pulsé el botón para avanzar. Esperé unos segundos pero no pasó nada, sólo un rato después apareció un mensaje en la pantalla... "Salida". Al leerlo me envolvió una inmensa satisfacción. Como en reacción a tal alegría, el televisor fue envuelto por un destello de luz y esto me cegó. Cuando recuperé la visión pude ver que había dejado espacio para una puerta totalmente blanca y fuerte, el mismo escrito "Salida" seguía presente.

Me invadiò un enorme alivio y la alegría fue la única emoción palpable en cada capa de mi ser, miré por encima de mi hombro y observé por última vez aquella "Nada" que aunque angustiosa me había acogido durante todo este tiempo. Hice por saludarla y finalmente me dirigí hacia aquella majestuosa puerta blanca que tenía delante. Estiré mi mano derecha hacia el pomo y con la certeza del fin de una pesadilla, crucé aquella cálida puerta.

CAPÍTULO VI

-La última nota-

Mi cuerpo temblaba de emociones, finalmente me sentí tan cerca del final de una pesadilla que no pude contener ese explosivo estado de ánimo. Quedé completamente cegado por una luz muy fuerte en el instante después de pasar por esa puerta, mis ojos casi se irritaron por la poderosa luminosidad que los envolvía, tardé muy largos segundos en ajustar mi vista, sólo entonces pude ver el nuevo horizonte con claridad...

"No... no... no puede ser..." Esas palabras se deslizaron de mi boca con un tono de puro desconcierto, esa salida que tanto había soñado era un engaño! Frente a mí no estaba el final de una pesadilla sino la continuación de la misma, ¡Seguía atrapado en la "Nada"!

El silencio envolvió cada célula de mi cuerpo, mi mente se cerró por completo como en un intento desesperado de dar una lógica a este nuevo descubrimiento. Mi respiración perdió gradualmente su intensidad y mis músculos casi no pudieron sostenerme más... Me sentí completamente confundido y caí de rodillas. Todo frente a mí era luz pura e infinita, el único atractivo de este nuevo lugar estaba representado por una multitud casi ilimitada de televisores que se extendían frente a mí como para definir un camino.

Estaba demasiado débil para tomar una decisión sobre qué hacer, el cansancio de un viaje que percibía como interminable e inútil me hizo desistir de cualquier reacción.

Me dejé caer al suelo abrazándolo como en busca de consuelo, este simple gesto, sin embargo, hizo que el mando a distancia que guardaba en mi bolsillo cayera a un centímetro de mi naricez.

Inmediatamente mi cerebro captó este nuevo estímulo y elaboró una idea: Frente a mí había infinidad de televisores y ¡tenía los medios para encenderlos! Con renovada curiosidad me levanté, cogí el instrumento que tenía a mis pies y apuntando a esas pantallas pulsé el botón de "play". Sin esperar se encendieron y cada uno mostró una imagen diferente, inspeccioné con gran atención y un escalofrío me golpeó al darme cuenta de lo que estaban reproduciendo... Eran videos de mi viaje, cada momento fue grabado y guardado en este archivo infinito, desde mi encuentro con el Guardián, la montaña del nacimiento, hasta el choque con el ser de negro... ningún momento fue olvidado. Seguí explorando en busca de una respuesta a todo esto, ahora estaba rodeado de televisores, tanto que, mirando por encima de mi hombro, no podía ver el principio del camino que había tomado. De repente, al volver a centrarme en el camino, me vi bloqueado por tres televisores que aparecieron ante mis ojos, eran diferentes a todos los demás.

El de la izquierda era viejo y polvoriento, el del medio moderno y finalmente el último de la derecha mostraba un diseño futurista. Al acercarme pude ver que cada uno de ellos tenía un texto legible en la pantalla, respectivamente "Pasado", "Presente" y "Futuro", pero este último estaba descolorido y casi ilegible.

"No dejas de sorprenderme, nunca esperé que llegaras hasta el final", Estas palabras acompañadas de un sarcástico aplauso alejaron mi concentración de los televisores. Instintivamente esa voz me resultó familiar, me giré y lo vi.... Era la figura de negro!

"¡Sabía que volvería a encontrarte!" "¿Qué haces aquí?", Respondí.

"Admito que has recorrido un largo camino, sin embargo sigues evitando la verdad. Hasta que eso ocurra no estarás preparado".

"Te vuelvo a preguntar, ¿Cómo has acabado aquí? ¿Qué recuerdas antes de este lugar del que intentas escapar?" Me obligué a responder, pero el único recuerdo que podía descifrar era la oscuridad, intentar viajar hacia atrás en la memoria era imposible, ¿cómo llegué aquí realmente? No recuerdo nada de mi vida pasada, sólo pequeños fragmentos de mi ser, la soledad, el placer de las montañas y el odio a la gente que no acepto, por lo demás nada...

"Has recorrido un largo camino hacia la aceptación y has llegado hasta aquí... Sin embargo, ahora tienes que unir las piezas y ver si puedes usar lo que has aprendido para completar el rompecabezas" Diciendo eso la figura se acercó y recogió el mando de mis bolsillos para llevarlo a mis manos.

"No puedo pulsarlo por ti, tienes que hacerlo tú, la salida es ahora una posibilidad real pero tienes por delante una última prueba, no vuelvas a defraudarme." Terminada la frase me señaló la pantalla con las palabras "Pasado" grabadas en el centro. Sin hacer más preguntas pulsé el ya conocido botón y al instante una espiral negra me absorbió en su interior. Cuando abrí los ojos me invadió la oscuridad total... No sabía dónde estaba pero por suerte me atrajo el sonido de unos pasos a pocos metros.

Los seguí hasta que otro ruido me distrajo, era el encendido de un interruptor. La luz rebobinó la zona permitiéndome ver y me sorprendí, estaba de nuevo en el pequeño estudio con el escritorio en el centro. Esta vez sin embargo la luz de la lámpara era mucho más intensa y me permitía ver el entorno en su totalidad.

Las paredes eran visibles y estaban adornadas con varias fotografías, muchas representaban a individuos pero aún eran demasiado granuladas para ser identificables, dos en particular me llamaron la atención, la primera era una foto de una hermosa montaña con una cascada e inmediatamente pude ver la gran similitud con lo que vi en el encuentro con el Guardián. La segunda en cambio mostraba a un perrito blanco idéntico al que me consoló en el pasado... la confusión me llenó pero al no poder darle un sentido decidí no dejarme distraer. Un fuerte chirrido hizo que mis ojos buscaran al culpable y vi, sentado en el escritorio a una figura. Ésta tomó una pluma y comenzó a escribir, yo en cambio me quedé observando. Al terminar de escribirla comenzó a gritar y a llorar. Unos instantes después, sacó un objeto de sus bolsillos y se lo acercó a la boca, rompió el escrito de antes y con desconsuelo, tiró al suelo todo lo que había en la superficie del escritorio y todo fue a parar a mis pies. Con curiosidad lo recogì todo. Me encontré sosteniendo en la mano una caja de pastillas que no podía identificar, y un trozo de papel rasgado en el que podía leer el texto.

"...lo intenté una y otra vez pero

el fracaso siempre me alcanzó,

completamente absorbido por él,

Encontré consuelo sólo en la melancolía,

fracasar, sufrir, perder y odiar...

esta realidad se había vuelto inaceptable,

Me veo cayendo sin cesar en las trampas de la vida,

No entiendo el significado de todo este sufrimiento,

El camino se ha vuelto demasiado cansado para mí...

Finalmente decidí que no quería continuar,

Nunca te exigiré que aceptes lo que voy a hacer,

pero doy gracias por los maravillosos recuerdos que me acompañarán".

El texto era desgarrador, era obvio, tenía en mis manos el trozo que faltaba de aquella nota que conocí al principio de mi viaje y en su totalidad era una llamada de despedida a la vida... No sabía cómo reaccionar, pero mis manos empezaron a temblar irracionalmente y mi cuerpo consecuentemente sintió un fuerte malestar emocional. Esa carta me causaba una gran tristeza y no entendía la razón. Frente a mí, la figura que la escribió seguía sentada al borde del escritorio. En un intento de consolarla me acerqué lentamente tratando de colocar suavemente mi mano derecha en su hombro, no hubo reacción.Intenté ver su cara y en ese momento intenté mover su cuerpo hacia el mío. Cuando se dio la vuelta, a un paso de poder identificarlo, me absorbió un agujero formado en el suelo a mis pies y caí al vacío. El sonido de mis hombros tocando el suelo me devolvió a la lucidez, no sentí ninguna molestia ni dolor y rápidamente me volví a levantar. Al mirar el paisaje me di cuenta que había vuelto al camino de los televisores infinitos y precisamente frente a las tres pantallas del tiempo. El ser de negro había desaparecido y el televisor con la escritura "Pasado" resultó estar completamente roto. Todavía me sentía estremecido por el suceso que presencié hace un rato pero estaba decidido a continuar. Sin demora volví a coger el mando a distancia y lo dirigí hacia la pantalla central, la del "Presente". Con mi mano derecha hice por pulsar el botón pero inmediatamente mi mano izquierda se interpuso.

No tenía el más mínimo control sobre la situacìon, por lo que comenzó una lucha que, si se ve desde fuera, parece el baile de un loco... pero en ese momento me vi completamente desbordado por aquella intromisión. Con una fuerza que no sabía que poseía, mi mano izquierda trataba de hacer todo lo posible para pulsar el botón rojo mientras con mi mano derecha, que seguía a mis órdenes, lo aparté, haciendo que el mando cayera al suelo. El combate estaba en igualdad de condiciones y ambos bandos hacían todo lo posible por ganarlo.

En ese instante vi una oportunidad, me arrodillé para acercarme al suelo y lanzándome hacia el mando a distancia con la nariz conseguí pulsar el botón de "play" poniendo fin al instante a la batalla. Era un espectáculo absurdo, por momentos ridículo, pero funcionaba. La pantalla que tenía delante tardó unos segundos en reaccionar y una mano salió de ella y, sin darme tiempo a defenderme, me absorbió.

-La Verdad-

Fui arrastrado con tal fuerza que me quedé aturdido durante unos segundos, mis oídos se vieron envueltos en los sonidos de la maquinaria y al abrir los ojos mi visión se vio limitada por lo que reconocí como el ser de negro.

"Se acabaron los juegos, la forma en que reacciones a lo que vas a ver demostrará si realmente eres sincero en tu deseo de escapar..." Me detuvo la respuesta con su mano y me hizo mover, permitiéndome observar donde estaba. Los sonidos de la maquinaria tenían sentido, estaba en los pasillos de un hospital y el ir y venir de enfermeras y pacientes era continuo, como siempre, era invisible para los presentes... Había muchas puertas a mi lado e intenté abrir un par de ellas pero fue un esfuerzo inútil, sin saber qué buscar seguí caminando.

"Enfermera, ¿Cómo está el paciente? ¿Alguna noticia destacable?"

"No doctor, todo está estable por ahora".

"Aquellas voces, sobre todo la primera, me resultaron inmediatamente familiares. ¡Eran las mismas, indescifrables, que me habían estado siguiendo desde el principio de mi viaje! Con renovada sorpresa seguí su sonido hacia una puerta no muy lejana y la abrí sin molestarme en llamar.

Dentro me esperaba una habitación normal de hospital, el olor a medicamentos era muy fuerte pero nunca nauseabundo. A mi derecha había una cama individual, el paciente no era visible porque dos personas con bata blanca lo examinaban impidiendo la visión. "Vamos chico, has sido fuerte... Sólo un último esfuerzo y se acabará"

Estaba seguro, esa voz era la misma que se me manifestó cálidamente todo el tiempo y ahora era comprensible. Desde el principio oí la voz protectora de un médico que intentaba reconfortarme. Cuando terminó la inspección, las dos batas blancas se alejaron, dejando la habitación libre.

El silencio volvió a reinar, el paciente era ahora completamente visible, pero estaba demasiado lejos para ser identificado, así que hice por acercarme mientras mi corazón comenzaba a luchar en mi pecho haciendo que mi respiración fuera agitada. Finalmente, después de un paseo que parecía interminable, me encontré cara a cara con él. En el breve instante en que mis ojos se posaron en el joven que yacía allí, una punzada muy fuerte en mi cabeza me atravesó al confirmar lo que veían... ¡Era yo!

"¡No! ¿Qué significa esto? ¿Qué broma es esta?".

Exclamé con la voz rota.

Una infinidad de pensamientos y recuerdos se agitaron en mi mente, y finalmente todo se aclaró. Recordé cada detalle de mí mismo y me sentí completo de nuevo. Desde pequeño, por mi actitud solitaria me distancié de los demás, creando poco a poco un caparazón de seguridad personal, pero a medida que crecía me sentía más inseguro de lo que había fuera de esa ridícula protección... Creé ideales personales difíciles de alcanzar y que con el tiempo me trajeron odio. A lo largo de mi vida he juzgado negativamente a las personas que no se ponían límites, calificándolas de ignorantes e instintivas, permitiéndome así un poco de respeto por ser diferentes, pero en realidad envidiaba su falta de miedo, que a mì me bloqueaba. Volví todos mis pensamientos a la dulce melancolía de mis seres queridos y la conciencia de que perdería lo poco bueno que había en mi vida me destruyó pieza a pieza. Me había convertido en un reflejo de la hipocresía, vivía en sueños y en la esperanza de una mejora sin tratar de encontrarla nunca... esto era porque siempre temía el fracaso, que sólo habría confirmado mi insuficiencia. Recuerdo que empecé a odiar todo de mí mismo y el deseo de no haber pisado nunca el mundo se manifestó con tal fuerza que decidí acabar con mi vida...

"Así es, eres tú... ¡Todo este tiempo has estado tirado en una cama de hospital, ni siquiera quitarte la vida has sido capaz!"

La provocación en esa voz no me hizo dudar ni un momento.

"¿Cómo te atreves? ¿Sabías todo esto y no me lo dijiste?", Le respondí con tono de protesta.

"Lo sabía, al igual que tú, sólo que estabas tan dispuesto a olvidar que estabas perdido..."

"Ya ves, eso es lo que realmente eres, una persona que en lugar de aceptar sus fracasos evita siquiera intentarlo. Preferiste quejarte en lugar de reaccionar..." El deseo de dañarme psicológicamente era evidente y lamentablemente seguía afectado, por lo que empecé a perderme en el llanto airado.

"Incluso ahora que sabes la verdad sigues reaccionando de la misma manera, siempre refugiándote en el llanto. Eres patético, no has aprendido nada, como siempre, das un paso hacia adelante pero dos hacia atrás ¡me decepcionas continuamente!" Al terminar su frase me agarró del cuello arrastrándome hacia él. Luego me lanzó con rabia contra la puerta de la habitación, el golpe fue tan fuerte que perdí inmediatamente el conocimiento....

CAPÍTULO VII

-Aceptación-

Por primera vez desde el inicio de mi aventura, me sentí invadido por el dolor. Cada partícula de mi cuerpo temblaba y pedía descanso, el golpe me creó tal daño que no pude levantarme, lo único que pude hacer fue abrir los ojos y darme cuenta que con ese gesto me había devuelto al pasillo de los televisores. Nuevamente las tres pantallas del tiempo estaban frente a mí y como sucedió con la anterior, la televisión del "presente" también se rompió.

La última que quedaba intacta era la del "futuro". Inmediatamente hice por levantarme, no con gran esfuerzo y sufrimiento, pero al final lo logré. Temiendo ser alcanzado por el ser de negro, busqué el control remoto y con gran sorpresa encontré que ya no estaba en mi poder.

"¿Acaso buscas esto?" Se burló una voz detrás de mí, en tono sarcástico. Era ese ser y en su mano izquierda empuñaba el mando a distancia.

"¡Devuélvelo, maldita sea!", Grité desafiante.

"Jajaja... Y ¿qué vas a hacer una vez que tengas este cacharro? Vamos, cógelo, de todas formas no lo vas a necesitar. Respondió lanzando el mando a distancia justo a mis pies. No contesté a tal gesto, lo recogí del suelo y sin más pulsé el famoso botón. Pasaron segundos muy largos en los que el silencio creaba molestias pero no se producía ninguna reacción. Lo pulsé una y otra vez para asegurarme de que funcionaba pero de nuevo se gastó energía inútil.

"Te lo advertí... ¿Cómo esperas llegar al futuro si ni siquiera estás seguro del presente?" "Siempre tratas de escapar a la realidad abstracta de tu mente... Te refugias en el pasado o esperas un brillante futuro imaginario. Pero es el presente el que debes asumir, todo lo demás cuenta poco". El tono de su voz era cada vez más burlón, no supe cómo reaccionar ante tales palabras y el silencio me congeló.

"Dime, ahora que has entendido realmente por qué estás aquí, ¿Qué crees que vas a encontrar una vez que estés fuera? ¿Crees realmente que las cosas van a cambiar? ¿Cuántas veces te has refugiado en la esperanza sólo para volver a caer en el abismo de la tristeza? Si no resuelves el problema de fondo nunca escaparás de ti mismo". No podía responder, en el fondo sentía que él tenía razón, ¿Qué cambiaría una vez que volviera a la realidad? ¿Volvería a abrazarme la ineptitud? No tenía ni idea.

"Te diré lo que pasará. Estarás convencido de que has aprendido de tus errores pero el tiempo borrará esa creencia, volverás a repetir los mismos errores poco a poco. Volverás a criticar a los demás para sentirte mejor que la persona criticada. Te refugiarás en la soledad pensando que es mejor que lo que te espera fuera y cuando te enfrentes a tus deseos los rechazarás para mantener a salvo tu coraza de superioridad ante ellos. Todo porque nunca aceptarás que tú también formas parte de las reglas de la vida y en lugar de abrazar esta realidad la alejarás encerrándote en la única certeza que te hace sentir vivo... La tristeza."

"¿Cómo sabes tanto de mí, quién eres realmente y que quieres de mí?", Respondí ya cansado de la situación.

"Sólo te muestro la realidad y te empujo a entenderla. Te muestro un camino a seguir pero siempre ignoras mis consejos". Escuché su respuesta pero la ambigüedad de la misma me impidió comprender.

"¿Nada eh? ¿Ninguna reacción? Realmente eres ridículo, tal vez sea mejor que te quedes aquí donde seguramente estarás menos expuesto al mundo exterior... Además eres un débil y nunca podrás lograr nada. Recuerda, después de todo, ¡Ni siquiera lograste acabar con tu propia vida!" Esas palabras cruzaron mis oídos con fuerza y al ser procesadas por mi mente me hicieron estallar en una ira incontrolada, como si el dolor se hubiera desvanecido por completo.

Me lancé contra aquel despreciable ser lanzándole una andanada de puñetazos, él logró esquivar la primera carga pero la siguiente lo golpeó con fuerza arrastrándolo al suelo.

"¡Eso es! ¡Ése es tu verdadero yo! Al no saber aceptar lo que tengo que decir, sólo sabes reaccionar con odio y rabia. Vamos, pégame fuerte, porque al final sólo te estás perjudicando a ti mismo..." Casi pude ver su sonrisa de satisfacción oculta por la capucha mientras me decía esto. No le presté demasiada atención y seguí golpeándole en lo que parecía ser una pelea donde el ganador ya estaba escrito. Sin embargo, después, como si ningún golpe le hubiera hecho realmente daño, volvió a levantarse y comenzó a esquivarme sin dificultad... Inmovilizando finalmente mis dos manos, impidiéndome seguir actuando. "Ya te has divertido bastante, a estas alturas me doy cuenta de que ha sido pura suerte lo que te ha traído hasta aquí. ¿Realmente quieres entender lo que te espera ahí fuera? Mira entonces..." Bajó los puños y terminó su frase, señalando los innumerables televisores que nos rodeaban. Cada uno de ellos seguía mostrando diferentes vídeos pero esta vez no eran imágenes de mi viaje a la "Nada" sino momentos reales de mi vida. Casi todos ellos representaban momentos felices. Las primeras exploraciones, los primeros abrazos, el primer día de colegio e incluso la llegada de mi dulce perrita aún cachorro... Fue imposible evitar que me abrazara la tristeza y las lágrimas volvieron a invadir mis pobres ojos.

Sin embargo, poco a poco, las pantallas que mostraban los momentos tristes se hicieron más claras. El primer funeral, los continuos fracasos personales, la autolesión psicológica, la soledad... Todo ello creaba en mí una reacción instintiva de ira y el único deseo era apagarlos. Al no poder acabar con esas tristes reproducciones, busqué consuelo en las imágenes alegres, pero enseguida me di cuenta de que, poco a poco, sus pantallas se iban rompiendo. Hice todo lo posible por evitarlo pero el efecto en cadena ya estaba en marcha, uno a uno los televisores se rompieron casi por completo haciendo que las imágenes fueran casi imperceptibles, por el contrario, las pantallas de los momentos tristes se hicieron cada vez más fuertes superando a las otras por completo.

"¡Haz que pare, por favor!", Rogué desesperadamente.

"No estoy haciendo nada, lo que estás viendo es lo que te estás haciendo a ti mismo... Centrarte en los momentos tristes y dejar que esos borren los felices. Este es el futuro que te espera..." Las lágrimas que caían al suelo casi formaban un charco, la desesperación era tan grande que el único deseo era desaparecer. Poco a poco las energías abandonaron mi cuerpo, la confusión era total y esa salida a la que aspiraba era incómoda y preocupante...

¿Cómo iba a cruzar esa puerta si lo que me esperaba era una supervivencia efímera y sin sentido? El deseo de escapar se convertía poco a poco en una voluntad de anulación total, ese futuro incierto que tenía delante me creaba excesivas dudas y mis inseguridades no me permitían contrarrestar esa sensación.

"Realmente me das pena, eres un fracaso total, una ruina de existencia es la tuya y un desperdicio de aire para gente que lo merece más..."

"Sin embargo, tienes otra opción, no es lo que esperaba pero es mejor que la convivencia forzada a todo este asco.... " La figura de negro terminó señalando el mando a distancia que aún poseía.

"¿Te has preguntado alguna vez por la utilidad del botón rojo? En realidad sé que en el fondo te atrae, verás, esa opción te permitirá acabar con la lucha, entregarte a la oscuridad que da color a tu vida, no tendrás que luchar más y ser testigo de constantes decepciones.

Un simple gesto para escapar para siempre de las aplastantes garras de la existencia..."

Su tono de voz cambió completamente al proponerme esta opción. Pasó de un tono provocador a uno apático, como si hubiera perdido el interés por mí. Perdí la mirada en las pantallas y las imágenes felices habían desaparecido casi todas. En ese momento se me repitieron las últimas palabras de aquel ser creando un nuevo objetivo en mí. Sin darme cuenta, mi mano izquierda agarró el mando a distancia y se acercó lentamente al botón rojo de forma amenazante, yo, por el contrario, observaba esta escena con total pasividad.

Estaba tan desanimado que simplemente esperaba el final de todo y sentía que esta era la última oportunidad. Cerré los ojos intentando revivir, al menos en mi mente, algún momento feliz pero era imposible. Mis pensamientos estaban totalmente envueltos en la desesperación y estaban unidos a otros que alimentaban esta emoción. No tenía remedio.

"¡Venga! Apretémoslo y acabemos con este espectáculo inútil! Haz algo bien por una vez..." Sus palabras me despertaron de mi catatonia, eché un último vistazo al escenario y mi vista se fijó en una pantalla no muy lejana... Estaba casi totalmente destruida, lo que demostraba que era un recuerdo feliz, a pesar de eso, aún se veía una imagen así que me centré en ella. Mostraba una celebración, probablemente mi cumpleaños. En esa fiesta había pocos invitados pero pude reconocerlos uno a uno, eran las personas más importantes para mí, mis mejores amigos, mi madre y hasta mi dulce perrita.

Todos se reunieron por mí y cada uno de ellos me demostró afecto y calidez. Sin embargo, en un instante, incluso esta última pantalla comenzó a fracturarse y la imagen que reproducía se hizo cada vez más indescifrable, no podía aceptarlo. Por supuesto, tendría que luchar conmigo mismo para siempre pero no me importaba. En ese momento me di cuenta de que lo más importante era continuar y averiguar cuántos momentos felices más podía asimilar. Con renovada convicción hice por acercarme a aquella tenue pantalla, en un intento de abrazarla, pero me olvidé por completo del mando a distancia que tenía en mi mano izquierda. Sin tener tiempo de reaccionar, mis dedos cumplieron su cometido... ¡El botón había sido pulsado!

El instinto me hizo arrojar el objeto al suelo pero fue demasiado tarde, inmediatamente, desde el horizonte vi una enorme nube de oscuridad que se acercaba con fuerza.

"Al final decidiste rendirte... Triste lo reconozco y al final es un fracaso para los dos..." La figura encapuchada seguía allí observándome casi aburrida, yo sin embargo no pude contener la rabia que sentía y me levanté vengativamente.

"¡Es tu culpa! Desde el principio me has puesto en aprietos, provocándome e insultándome, sin querer nunca ser útil, sólo deseando ahogarme. ¿Estás contento ahora? ¡Por fin tienes lo que querías!", Le grité a aquel ser impasible.

"Tú te lo buscaste, todo el tiempo sólo intentaba ponerte a prueba, empujándote a las dificultades para prepararte para ellas, creándote posibles problemas para ver si estabas preparado para resolverlos y mostrándote tus necesidades con la esperanza de que las aceptaras, anulando así tus creencias erróneas. Tú, en cambio, siempre me has visto como un enemigo y con ello sólo has creado una lucha innecesaria". "¿Te acuerdas de la madre que intentó empujar a su hijo pequeño para que jugara con esos niños?", Continuó.

"Claro que sí, pero ¿Cómo lo sabes? ¡No estabas allí!", Respondí.

"Lo sé todo sobre ti, ya te lo he dicho".

"Volviendo a la pregunta, esa madre, no quería crearle problemas a su hijo como tú estás convencido, sólo que, al verlo en apuros, deseaba empujarlo a superar su miedo... Y así intento hacerlo contigo pero como entonces incluso ahora ves esa intervención como un acto hostil". Sus palabras eran duras pero al mismo tiempo emanaban amor. La oscuridad fue devorando poco a poco el paisaje que nos rodeaba y el suelo empezó a temblar.

"¡Doctor! ¡Venga rápido!"

"Calma, enfermera. ¿Qué pasa?"

"¡El paciente de la cinco está teniendo un ataque!"

"¡Maldita sea, trae el desfibrilador contigo!", Retumbaron aquellas voces con tal fuerza que frenó la oscuridad por un momento y poco después un trueno retumbó a su alrededor. El suelo dejó de temblar, pero la oscuridad, aunque con menos velocidad, siguió avanzando.

"¡Vamos chico! ¡No es momento de rendirse, estás muy cerca!"

"Doctor, parece estar estable pero sigue en peligro... ¿Cómo procedemos?"

"Desgraciadamente enfermera, no podemos hacer nada más. El cuerpo es débil, depende totalmente de el y no parece dispuesto a cooperar. En cualquier caso infórmame de cualquier nuevo cambio", Las voces de los médicos se apagaron con esta última frase y de nuevo me encontré a solas con aquel ser.

"Inútil, ya es demasiado tarde, pronto serás tragado por la oscuridad..." El ser rompió el silencio y yo, convencido de que no tenía nada más que perder lo ataqué esperando arrastrarlo conmigo.

"Patético hasta el final veo. Incluso al borde del abismo sigues refugiándote en tus creencias negando la realidad... ¡Muy bien, si eso es lo que quieres te sigo la corriente!" Al final de la frase, el ser respondió a mis golpes iniciando una intensa pelea.

Los puños de ambos eran de tal fuerza que creaban vibraciones en el aire, pero a pesar de ello ninguno de los dos parecía dispuesto a rendirse. La oscuridad se había tragado ya casi todo y nos dejaba poco espacio para movernos. Viendo que se acercaba el final, reuní todas las fuerzas que me quedaban y golpeé a la criatura justo en la cabeza, el gesto le hizo caer al suelo y la capucha se deslizó de su cara dejándola al descubierto.

"No puede ser..." Esas palabras salieron de mi boca con un tono incómodo de sorpresa. Ese ser, que todo este tiempo me había puesto de los nervios tenía mi misma cara!

"¿Ahora lo entiendes? Tú y yo somos la misma persona.... Si me hubieras aceptado en lugar de repudiarme! Siempre me has alejado odiándome... Y mira a dónde nos ha llevado eso". Una sonrisa se formó en su rostro y era una mezcla de decepción y desafío.

"¡Vamos! Poned fin a lo que habéis empezado y tanto deseáis! eliminadme de una vez por todas. Hazlo y demuestra que no eres del todo una causa perdida". Mientras escuchaba su delirante pensamiento, recordé el sostenido viaje a la "Nada" y me di cuenta de que estaba en un viaje de aceptación personal. Todo, desde la montaña del nacimiento, hasta el pub y finalmente aquí, era el último intento de mi mente por salvarse, por hacerme entender lo que estaba haciendo mal. La ira era tan fuerte en mí sin embargo, que el único deseo era eliminar a ese ser que ahora yacía a mis pies.

La oscuridad era ahora tan total que un simple paso nos habría sumido a ambos en ella. Con los ojos llenos de odio observé a la criatura en el suelo y extendí mi brazo hacia él, levantándolo. Intercambiamos miradas durante unos instantes y finalmente, quitando cualquier tipo de emoción negativa de mí, lo abracé con fuerza.

"¿Qué demonios estás haciendo? ¿Te has puesto sentimental de repente?"

"Hahahah. No, te equivocas, por fin me he dado cuenta. Cuanto más te golpeo más me daño y, sinceramente, ¡estoy cansado de hacerme daño!", Respondí con una risa genuina.

"¿De verdad? ¿Qué crees, que somos amigos ahora? Estás muy equivocado, voy a seguir molestando y provocando, la única manera de evitarlo es eliminándome..."

"No, no serviría de nada, sé perfectamente que me seguirás dando la lata y creándome problemas pero de eso depende mi futuro, de saber adaptarme a la vida y aceptar las dificultades". Volví a responder a su último intento de provocación.

"Vas a fracasar y lo sabes, siempre cometes los mismos errores, estás destinado a sufrir si no me eliminas".

"Lo sé. Caeré una y otra vez, y experimentaré continuamente nuevos sufrimientos. Pero no importa, eso forma parte de la vida... Y además, como me dijo una vez un amigo, ¡Hasta una oruga necesita tiempo para convertirse en una hermosa mariposa!" Una gran alegría llenó mi corazón al escuchar esas palabras salir de mi boca.

"Muy bien entonces... Lamentablemente es demasiado tarde, como ves la oscuridad es soberana".

"Sí... Así parece. No importa, estoy dispuesto a aceptar las consecuencias de mis errores..." Terminé esta frase con gran seguridad, la desesperación me había abandonado por completo. El ser se soltó del abrazo y me acarició la cara, dio un paso atrás y se envolvió en la oscuridad... Pude ver una sonrisa de satisfacción antes de que desapareciera por completo en la oscuridad.

Me encontré tan solo como cuando comencé mi viaje, pero esta vez no tuve miedo. El abismo que me rodeaba estaba a punto de tragarme. Lo observé por un momento y cerré los ojos dispuesto a aceptar todo lo que me tenía reservado. Poco a poco sentí que un escalofrío me envolvía los pies y me llegaba al cuello... La oscuridad estaba allí y yo con ella... Acogí su abrazo sin ningún miedo y con una sonrisa en la cara.

EPÍLOGO

"¡Doctor, doctor ràpido venga!"

"Enfermera, por favor, cálmese".

"Sí, tienes razón, lo siento".

"No te preocupes, dime ahora, ¿Cuál es el problema?"

"¡Se trata del paciente del 5!"

"¿Otro ataque enfermera?"

"No, no, doctor, es sólo..."

"¡Continúe, por favor!"

"...el paciente està... ¡¡¡Consciente!!!"

FIN

AGRADECIMIENTOS

Este relato representa para mí un punto importante de inflexiòn, no quiero pretender nada con este escrito sólo espero que sea una lectura agradable.

Hay muchas personas que indirectamente han hecho esto posible, enumerarlas todas sería tedioso, pero sigo estando agradecido a cada una de ellas por compartir sus experiencias e ideas conmigo.

Me gustaría dar las gracias a mi abuela por haberme enseñado la sabiduría a pesar de que no tuvo tiempo de verme crecer.

Concluiré con una lista de las personas a las que les debo todo y que siempre tendrán un espacio en mi memoria.

María te doy las gracias por tu amor y por enseñarme que se pueden enmendar los errores, eres mejor madre de lo que crees.

Co te agradezco que me muestres que los límites de uno pueden ser superados, te respeto infinitamente. Simona me siento orgulloso de haberme equivocado al juzgar tu trayectoria porque me has demostrado que se pueden obtener resultados cuando se cree realmente en ello.

Miriam, siempre te he respetado por tu trayectoria vital, la fuerza de haber superado lo que has vivido es algo que muy pocos en este mundo pueden decir que han conseguido. Anna, tu autenticidad es para mí una fuente de gran envidia y siempre agradeceré la alegría que continuamente traes contigo, un saludo a Andrea por supuesto.

Diego, eres el mejor amigo que una persona puede desear, siempre has estado cerca de mí en todos mis momentos y cuando te he necesitado has sido el primero en llegar a mí, nunca podré agradecértelo lo suficiente. Igor, desde mis tiempos de primaria siempre te he visto como un modelo a seguir y aunque soy consciente de que no lo entiendes, te sigo considerando como tal, respeto infinitamente tu trayectoria personal y sigues siendo una persona que espero tener cerca.

Tío, gracias a ti he probado la responsabilidad, siempre has sido una figura esencial en el equilibrio de nuestra familia y respeto mucho lo que has sacrificado por nosotros. Alberto, eres alguien a quien quiero infinitamente, eres sincero, seguro de ti mismo y en constante mejora, representas para mí el hermano mayor que nunca he tenido, que sepas que no tengo intención de dejarte fuera de mi vida.

Marco B. aquí si que podría gastar un sinfín de palabras, llegaste a mi vida como el estruendo de un trueno y cambiaste totalmente mi ser, no hay palabras para demostrarte lo mucho que te debo, me enseñaste tanto... eres la figura que creó los pilares que me sostienen, eres la persona más fuerte que he conocido. Aceitu, te conocí por poco tiempo y lo lamento, a pesar de eso siempre has sido útil con tu sabiduría y genuinidad, espero volver a verte pronto. Deba, Paguz, Nieves, Lourdes, Lily, Carlo, Dario, Giova, Giulia, Javi y Andrea, el tiempo que pasé con cada uno de vosotros no fue muy largo y desgraciadamente os conozco sólo superficialmente, sin embargo habéis sido una fuente de inspiración y mejora para mí, os respeto a cada uno de vosotros por vuestras trayectorias personales, el consuelo que me habéis dado y espero realmente poder pasar más tiempo con cada uno de vosotros. Eros y Loredana, vuestra presencia en la vida de mi familia ha sido esencial para demostrarme que el ser humano es capaz de una gran empatía, habéis sido verdaderos ángeles en la tierra, muchas gracias. Marini, eres la persona que ha hecho posible la gran mejora de los últimos años, sin tu presencia en mi vida ahora estaría perdido en la ingenuidad y la ignorancia, me has querido desde el principio y los valores de la vida que me sigues enseñando son más preciosos que todo el oro del mundo, eres el único capaz de aguantarme y sólo por eso mereces un premio, bromas aparte valoro mucho tu cariño y que sepas que te lo devuelvo con mucha sinceridad.

Roby, te fuiste de mi vida demasiado pronto, pero tu presencia me ayudó mucho a creer en mí mismo. Que sepas que siempre te lo agradeceré. Saludos a todas la familia.

Hay muchas otras personas que han chocado con mi camino personal, algunas de ellas desgraciadamente se han alejado, a estas personas les agradezco el poco tiempo que compartí con ellas, no voy a seguir con palabras inútiles porque me volvería cursi y no quiero que eso ocurra. Antes de terminar quiero hacer un saludo especial a los que desgraciadamente nunca leerán esto, estoy hablando de la legendaria Ambarona, una perrita que en los últimos 14 años ha llenado de alegría mi existencia, a pesar de la diferencia de especie siempre ha estado cerca en los momentos de necesidad y gracias a ella soy la persona que soy hoy, te considero una verdadera hermanita y te quiero mucho, nunca permitiré que el tiempo borre tu recuerdo, espero volver pronto a verte y compartir más recuerdos. Gracias.

Printed in Great Britain
by Amazon

66176454R00063